마이갓 5 Step 모의고사 공부법

1 ●**Vocabulary** 필수 단어 암기 & Test
① 단원별 필수 단어 암기 ② 영어 → 한글 Test ③ 한글 → 영어 Test

2 ●**Text** 지문과 해설
① 전체 지문 해석 ② 페이지별 필기 공간 확보 ③ N회독을 통한 지문 습득

3 ●**Practice 1** 빈칸 시험 (w/ 문법 힌트)
① 해석 없는 반복 빈칸 시험 ② 문법 힌트를 통한 어법 숙지
③ 주요 문법과 암기 내용 최종 확인

4 ●**Practice 2** 빈칸 시험 (w/ 해석)
① 주요 내용/어법/어휘 빈칸 ② 한글을 통한 내용 숙지
③ 반복 시험을 통한 빈칸 암기

5 ●**Quiz** 객관식 예상문제를 콕콕!
① 수능형 객관식 변형문제 ② 100% 자체 제작 변형문제 ③ 빈출 내신 문제 유형 연습

영어 내신의 끝
마이갓 모의고사 고1,2

1 등급을 위한 5단계 노하우
2 모의고사 연도 및 시행월 별 완전정복
3 내신변형 완전정복

영어 내신의 끝
마이갓 교과서 고1,2

1 등급을 위한 10단계 노하우
2 교과서 레슨별 완전정복
3 영어 영역 마스터를 위한 지름길

마이갓 교재
보듬책방 온라인 스토어 (https://smartstore.naver.com/bdbooks)

마이갓 10 Step 영어 내신 공부법

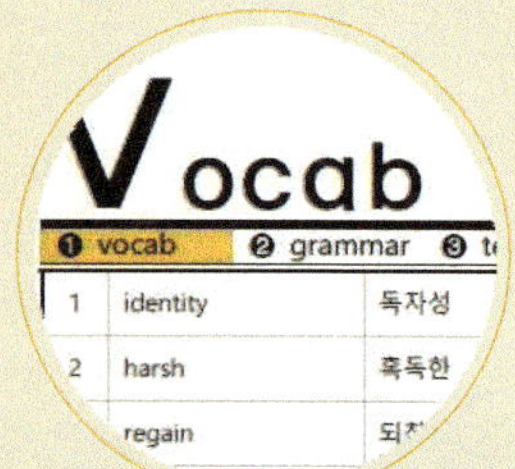

Vocabulary

필수 단어 암기 & Test
① 단원별 필수 단어 암기
② 영어 → 한글 Test
③ 한글 → 영어 Test

Grammar

단원별 중요 문법과 연습 문제
① 기초 문법 설명
② 교과서 적용 예시 소개
③ 기초/ Advanced Test

Text

지문과 해설
① 전체 지문 해석
② 페이지별 필기 공간 확보
③ N회독을 통한 지문 습득

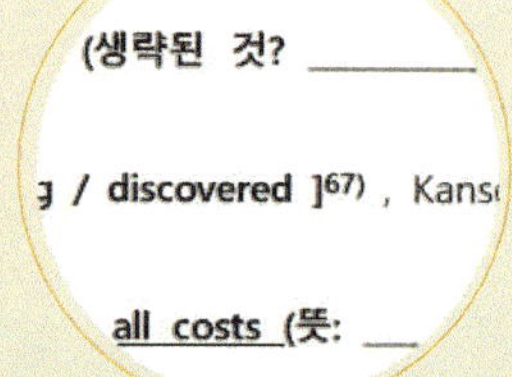

Practice 3

빈칸 시험 (w/ 해석)
① 주요 내용/어법/어휘 빈칸
② 한글을 통한 내용 숙지
③ 반복 시험을 통한 빈칸 암기

Practice 2

빈칸 시험 (w/ 해석)
① 주요 내용/어법/어휘 빈칸
② 한글을 통한 내용 숙지
③ 반복 시험을 통한 빈칸 암기

Practice 1

어휘 & 어법 선택 시험
① 시험에 나오는 어법 어휘 공략
② 중요 어법/어휘 선택형 시험
③ 반복 시험을 통한 포인트 숙지

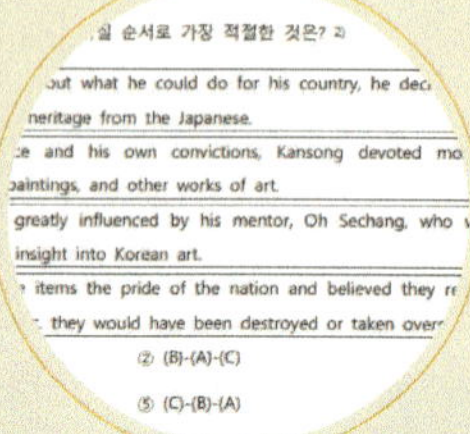

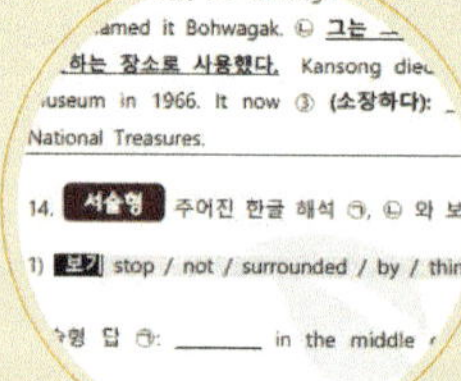

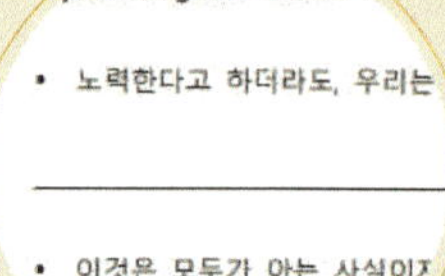

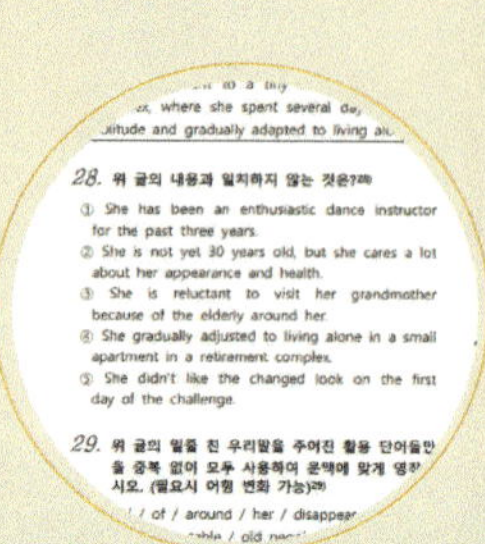

Quiz

객관식 예상문제를 콕콕!
① 수능형 객관식 변형문제
② 100% 자체 제작 변형문제
③ 빈출 내신 문제 유형 연습

Final Test

주관식 서술형 예상문제
① 어순/영작/어법 등
   주관식 서술형 문제 대비!
② 100% 자체 제작 변형문제

전체 영작 연습

직접 영작 해보기
① 주어진 단어를 활용한
   전체 서술형 영작 훈련
② 쓰기를 통한 내용 암기

학교 기출 문제

지문과 해설
① 단원별 실제 학교 기출
   문제 모음
② 객관식부터 서술형까지
   완벽 커버!

마이갓

Perfect

Voca

| ❶ voca | ❷ text | ❸ [/] | ❹ ____ | ❺ quiz 1 | ❻ quiz 2 | ❼ quiz 3 | ❽ quiz 4 | ❾ quiz 5 |

18	on behalf of	~을 대표하여		sum	합계
	request	요청하다		rote-memory	기계적인 암기
	permission	허가		diverse	다양한
	conduct	실행하다, 체험하다		aspect	측면
	in regard to	~와 관련하여		perception	인식
	carry out	진행하다		reserved	과묵한
	blessing	승인		tend to	~하는 경향이 있다
	accompany	동행하다		fall apart	분리 되다
	appreciate	감사하다		mess	엉망진창의 상태
19	lay on one's back	드러눕다		one another	서로
	breeze	미풍		end up –ing	결국 –이 되다
	slight	엷은		attract	마음을 끌다
	scent	냄새		ring false	거짓으로 들리다
	burden	부담	22	goal-oriented	목표 지향적인
	get to one's feet	일어서다		no longer	더 이상 ~하지 않다
	trunk	(나무의) 기둥		motivate	동기부여하다
	concern	걱정		achieve	성취하다
20	serves as	~로 역할하다		purpose	목표
	entire	전체의		long-term	장기적인
	nearly	거의		refinement	개선
	quantity	양, 수량		improvement	개선
	plate	접시		commitment	전념
	wisdom	지혜		determine	결정하다
	opportunity	기회		progress	과정
21	authentic	실효성 있는	23	involving	~와 관련된

Voca

	compassion	연민		identity	정체성
	get into the habit	습관을 기르다		beyond	~을 넘어서
	offer	제공하다		pressure	압박감
	matter	일, (어떤) 것		conform	순응하다, 부합하다
	occasional	가끔의		intense	거세지다
	favorite cause	마음에 드는 이유, 좋은 이유		peers	또래들
	sacrifice	희생		behavior	행동
	charity	자선		modify	수정하다
	be in shape to	~할 준비가 되다		characteristics	특성
24	chemicals	화학물질		hence	그러므로
	muscular	근육의	30	make up	~을 차지하다
	in turn	따라서, 이번에는		newborn	갓난아기
	chemistry	화학작용		reserve	보유량
	release	방출하다		quarter	4분의 1
	genuine	진정한		per	~당
	participant	참가자		unit of matter	물질 단위
	intensity	강도		organ	기관
	recover	복구하다		marvelously	놀라울 정도로
26	be influenced	영향을 받다	31	critically	비판적으로
	knowledge	지식		observation	관찰
	acquire	습득하다		conclusion	결과
	A as well as B	B뿐만 아니라 A또한		reliable	신뢰할만한
	unconcerned	관심을 끌지 못하는		conduct	수행하다
	occupation	점령		unbiased	치우치지 않는
29	expand	확장하다		outcome	결과

Perfect

Voca

| ❶ voca | ❷ text | ❸ [/] | ❹ ____ | ❺ quiz 1 | ❻ quiz 2 | ❼ quiz 3 | ❽ quiz 4 | ❾ quiz 5 |

	interest	이익		come up with	~을 떠올리다
	involved	관련된		be of no help	도움이 되지 않다
	benefit	이익	35	given ~	~을 고려할 때
	assess	평가하다		whether	~인지 아닌지
	bias	편견, 치우침		ambiguous	모호한
32	shed	없애다, 떨어뜨리다		relative	상대적인
	ancestral human	선조		cue	단서
	successive	잇따른		interpret	해석하다
	let 목 + RV	목적어에게 ~하게 하다		nonetheless	그럼에도 불구하고
	outrun	앞지르다		indicate	보여주다, 나타내다
	humid	습한		allow	허가하다
33	client	의뢰인		correctly	정확하게
	part	헤어지다		definite	확실한
	reflect	되새기다		intensity	강도
	angle	각도	36	seek	추구하다
	seemingly	외견상, 눈에 보이기에		being in	~에 있는 것
	take off	떠나다		crucial	중요한
	admit	인정하다		spectator	관중
	rude	무례한		row	(관중석의) 줄, 열
	here was a case	~한 상황이었다		chain reaction	연쇄 반응
	reveal	드러내다		refuse	거부하다
	duty is calling	해야 할 일이 있다		pursue	추구하다
34	material	자료		goods	재화, 이익
	familiarity	친숙함		can't help -ing	~하지 않을 수 없다
	work	작동하다	37	compare	비교하다

Voca

❶ voca	❷ text	❸ [/]	❹ ____	❺ quiz 1	❻ quiz 2	❼ quiz 3	❽ quiz 4	❾ quiz 5

	desire	욕망		let alone	~는 말 할 것도 없고
	belly	배		figure out	떠올리다
	urge	충동		context	맥락
	further	추가적인		awareness	인식
	gratification	만족감	40	athlete	운동선수
	largely	주로		poor	서투른
	anxiety	불안감		happen	~이 발생하다
	constant	지속적인		perform	(일을) 수행하다
	due to	~때문이다		thought	생각
	immediate	즉각적인		be based on	~을 기반으로 하다, ~에 기초하다
	exploit	이용하다		point out (to)	지적하다, 언급하다
	violence	무리, 격렬함		sure enough	물론, 말할 필요도 없이
	digestion	소화		negative	부정적인, 나쁜
38	obstacle	장애물	41~42	for decades	수십 년 동안
	harsh	가혹한		purchase	구매하다
	extreme	극심한		an entire body of	매우 많은
	surface	표면		to one's advantage	~에게 유리하게
	crew	승무원		hold true	유효하다
	exploration	탐사		pantry	식료품 저장실
	astronaut	우주 비행사		used to R	~하곤 했다
	instrument	장비		lined with	~이 줄지어 놓여 있는
39	make sense	이해하다		critical	중요한
	infant	어린이	43~45	leap	뛰어다니다
	extend	확장하다		sparkle	반짝이다
	procedure	절차		sob	흐느끼다

Perfect Voca test

영 → 한

❶ voca	❷ text	❸ [/]	❹ ____	❺ quiz 1	❻ quiz 2	❼ quiz 3	❽ quiz 4	❾ quiz 5

18	on behalf of			sum	
	request			rote-memory	
	permission			diverse	
	conduct			aspect	
	in regard to			perception	
	carry out			reserved	
	blessing			tend to	
	accompany			fall apart	
	appreciate			mess	
19	lay on one's back			one another	
	breeze			end up –ing	
	slight			attract	
	scent			ring false	
	burden		22	goal-oriented	
	get to one's feet			no longer	
	trunk			motivate	
	concern			achieve	
20	serves as			purpose	
	entire			long-term	
	nearly			refinement	
	quantity			improvement	
	plate			commitment	
	wisdom			determine	
	opportunity			progress	
21	authentic		23	involving	

Voca test

영 → 한

❶ voca　❷ text　❸ [/]　❹ ＿＿　❺ quiz 1　❻ quiz 2　❼ quiz 3　❽ quiz 4　❾ quiz 5

	compassion			identity	
	get into the habit			beyond	
	offer			pressure	
	matter			conform	
	occasional			intense	
	favorite cause			peers	
	sacrifice			behavior	
	charity			modify	
	be in shape to			characteristics	
24	chemicals			hence	
	muscular		30	make up	
	in turn			newborn	
	chemistry			reserve	
	release			quarter	
	genuine			per	
	participant			unit of matter	
	intensity			organ	
	recover			marvelously	
26	be influenced		31	critically	
	knowledge			observation	
	acquire			conclusion	
	A as well as B			reliable	
	unconcerned			conduct	
	occupation			unbiased	
29	expand			outcome	

Perfect Voca test

영 → 한

❶ voca	❷ text	❸ [/]	❹ ____	❺ quiz 1	❻ quiz 2	❼ quiz 3	❽ quiz 4	❾ quiz 5

	interest				come up with	
	involved				be of no help	
	benefit		35		given ~	
	assess				whether	
	bias				ambiguous	
32	shed				relative	
	ancestral human				cue	
	successive				interpret	
	let 목 + RV				nonetheless	
	outrun				indicate	
	humid				allow	
33	client				correctly	
	part				definite	
	reflect				intensity	
	angle		36		seek	
	seemingly				being in	
	take off				crucial	
	admit				spectator	
	rude				row	
	here was a case				chain reaction	
	reveal				refuse	
	duty is calling				pursue	
34	material				goods	
	familiarity				can't help -ing	
	work		37		compare	

Voca test

영 → 한

❶ voca	❷ text	❸ [/]	❹ ____	❺ quiz 1	❻ quiz 2	❼ quiz 3	❽ quiz 4	❾ quiz 5

	desire			let alone	
	belly			figure out	
	urge			context	
	further			awareness	
	gratification		40	athlete	
	largely			poor	
	anxiety			happen	
	constant			perform	
	due to			thought	
	immediate			be based on	
	exploit			point out (to)	
	violence			sure enough	
	digestion			negative	
38	obstacle		41~42	for decades	
	harsh			purchase	
	extreme			an entire body of	
	surface			to one's advantage	
	crew			hold true	
	exploration			pantry	
	astronaut			used to R	
	instrument			lined with	
39	make sense			critical	
	infant		43~45	leap	
	extend			sparkle	
	procedure			sob	

Perfect Voca test

한 → 영

❶ voca ❷ text ❸ [/] ❹ ____ ❺ quiz 1 ❻ quiz 2 ❼ quiz 3 ❽ quiz 4 ❾ quiz 5

18		~을 대표하여			합계
		요청하다			기계적인 암기
		허가			다양한
		실행하다, 체험하다			측면
		~와 관련하여			인식
		진행하다			과묵한
		승인			~하는 경향이 있다
		동행하다			분리되다
		감사하다			엉망진창의 상태
19		드러눕다			서로
		미풍			결국 –이 되다
		엷은			마음을 끌다
		냄새			거짓으로 들리다
		부담	22		목표 지향적인
		일어서다			더이상 ~하지 않다
		(나무의) 기둥			동기부여 하다
		걱정			성취하다
20		~로 역할하다			목표
		전체의			장기적인
		거의			개선
		양, 수량			개선
		접시			전념
		지혜			결정하다
		기회			과정
21		실효성 있는	23		~와 관련된

Voca test

❶ voca ❷ text ❸ [/] ❹ ___ ❺ quiz 1 ❻ quiz 2 ❼ quiz 3 ❽ quiz 4 ❾ quiz 5

		연민		정체성
		습관을 기르다		~을 넘어서
		제공하다		압박감
		일, (어떤) 것		순응하다, 부합하다
		가끔의		거세지다
		마음에 드는 이유, 좋은 이유		또래들
		희생		행동
		자선		수정하다
		~할 준비가 되다		특성
24		화학물질		그러므로
		근육의	30	~을 차지하다
		따라서, 이번에는		갓난아기
		화학작용		보유량
		방출하다		4분의 1
		진정한		~당
		참가자		물질 단위
		강도		기관
		복구하다		놀라울 정도로
26		영향을 받다	31	비판적으로
		지식		관찰
		습득하다		결과
		B뿐만 아니라 A또한		신뢰할만한
		관심을 끌지 못하는		수행하다
		점령		치우치지 않는
29		확장하다		결과

Perfect Voca test

한 → 영

| ❶ voca | ❷ text | ❸ [/] | ❹ ____ | ❺ quiz 1 | ❻ quiz 2 | ❼ quiz 3 | ❽ quiz 4 | ❾ quiz 5 |

		이익			~을 떠올리다
		관련된			도움이 되지 않다
		이익	35		~을 고려할 때
		평가하다			~인지 아닌지
		편견, 치우침			모호한
32		없애다, 떨어뜨리다			상대적인
		선조			단서
		잇따른			해석하다
		목적어에게 ~하게 하다			그럼에도 불구하고
		앞지르다			보여주다, 나타내다
		습한			허가하다
33		의뢰인			정확하게
		헤어지다			확실한
		되새기다			강도
		각도	36		추구하다
		외견상, 눈에 보이기에			~에 있는 것
		떠나다			중요한
		인정하다			관중
		무례한			(관중석의) 줄, 열
		~한 상황이었다			연쇄 반응
		드러내다			거부하다
		해야 할 일이 있다			추구하다
34		자료			재화, 이익
		친숙함			~하지 않을 수 없다
		작동하다	37		비교하다

Voca test

한 → 영

❶ voca	❷ text	❸ [/]	❹ ___	❺ quiz 1	❻ quiz 2	❼ quiz 3	❽ quiz 4	❾ quiz 5
		욕망			~는 말 할 것도 없고
		배			떠올리다
		충동			맥락
		추가적인			인식
		만족감	40		운동선수
		주로			서투른
		불안감			~이 발생하다
		지속적인			(일을) 수행하다
		~때문이다			생각
		즉각적인			~을 기반으로 하다, ~에 기초하다
		이용하다			지적하다, 언급하다
		무리, 격렬함			물론, 말할 필요도 없이
		소화			부정적인, 나쁜
38		장애물	41~42		수십 년 동안
		가혹한			구매하다
		극심한			매우 많은
		표면			~에게 유리하게
		승무원			유효하다
		탐사			식료품 저장실
		우주 비행사			~하곤 했다
		장비			~이 줄지어 놓여 있는
39		이해하다			중요한
		어린이	43~45		뛰어다니다
		확장하다			반짝이다
		절차			흐느끼다

2020 고1 6월 모의고사

❶ voca ❷ text ❸ [/] ❹ ____ ❺ quiz 1 ❻ quiz 2 ❼ quiz 3 ❽ quiz 4 ❻ quiz 5

18 목적

Dear Mr. Anderson

On behalf of Jeperson High School, I am writing this letter to request permission to conduct an industrial field trip in your factory. We hope to give some practical education to our students in regard to industrial procedures. With this purpose in mind, we believe your firm is ideal to carry out such a project. But of course, we need your blessing and support. 35 students would be accompanied by two teachers. And we would just need a day for the trip. I would really appreciate your cooperation.

Sincerely, Mr. Ray Feynman

Anderson씨에게 Jeperson 고등학교를 대표해서, 저는 귀 공장에서 산업 현장견학을 할 수 있도록 허가를 요청하기 위해 이 편지를 쓰고 있습니다. 저희는 학생들에게 산업 절차와 관련해 몇 가지 실제적인 교육을 하기를 희망합니다. 이러한 목적을 생각할 때, 저희는 그러한 프로젝트를 진행하기 위해 귀사가 이상적이라고 믿습니다. 물론, 저희는 귀사의 승인과 협조가 필요합니다. 두 명의 선생님이 35명의 학생들과 동행할 것입니다. 저희는 이 현장 견학을 위해 단 하루를 예정하고 있습니다. 협조해주시면 정말 감사하겠습니다.

---

19 심경

Erda lay on her back in a clearing, watching drops of sunlight slide through the mosaic of leaves above her. She joined them for a little, moving with the gentle breeze, feeling the warm sun feed her. A slight smile was spreading over her face. She slowly turned over and pushed her face into the grass, smelling the green pleasant scent from the fresh wild flowers. Free from her daily burden, she got to her feet and went on. Erda walked between the warm trunks of the trees. She felt all her concerns had gone away.

Erda는 개간지에 드러누워 그녀 위쪽의 모자이크 모양의 나뭇잎 사이로 부서진 햇살이 스며드는 것을 지켜보았다. 그녀는 따뜻한 태양이 자신에게 자양분을 주는 것을 느끼며, 미풍을 따라 움직이면서 그것들과 잠시 함께 했다. 그녀의 얼굴에 엷은 미소가 번지고 있었다. 그녀는 몸을 천천히 돌려 신선한 야생화로부터 풍겨오는 푸르고 쾌적한 향기를 맡으며 풀밭으로 얼굴을 내밀었다. 일상의 부담에서 벗어나 그녀는 일어서서 걸었다. Erda는 나무들의 따뜻한 기둥 사이를 걸었다. 그녀는 모든 걱정이 사라졌음을 느꼈다.

20 주장

The dish you start with serves as an anchor food for your entire meal. Experiments show that people eat nearly 50 percent greater quantity of the food they eat first. If you start with a dinner roll, you will eat more starches, less protein, and fewer vegetables. Eat the healthiest food on your plate first. As age-old wisdom suggests, this usually means starting with your vegetables or salad. If you are going to eat something unhealthy, at least save it for last. This will give your body the opportunity to fill up on better options before you move on to starches or sugary desserts.

*anchor: 닻   **starch: 녹말

당신이 먼저 먹는 요리가 당신의 전체 식사에 닻을 내리는 음식의 역할을 한다. 실험은 사람들이 먼저 먹는 음식을 거의 50% 더 많이 먹는다는 것을 보여준다. 만약 당신이 디너 롤로 시작하면, 당신은 더 많은 녹말과 더 적은 단백질, 그리고 더 적은 채소를 먹을 것이다. 접시에 있는 가장 건강에 좋은 음식을 먼저 먹어라. 오래된 지혜에서 알 수 있듯이, 이것은 보통 채소나 샐러드를 먼저 먹는 것을 의미한다. 만약 당신이 건강에 좋지 않은 음식을 먹을 것이라면, 적어도 그것을 마지막 순서로 남겨둬라. 이것은 여러분이 녹말이나 설탕이 든 디저트로 이동하기 전에 당신의 몸을 더 나은 선택 사항들로 채울 기회를 줄 것이다.

---

21 의미

Authentic, effective body language is more than the sum of individual signals. When people work from this rote-memory, dictionary approach, they stop seeing the bigger picture, all the diverse aspects of social perception. Instead, they see a person with crossed arms and think, "Reserved, angry." They see a smile and think, "Happy." They use a firm handshake to show other people "who is boss." Trying to use body language by reading a body language dictionary is like trying to speak French by reading a French dictionary. Things tend to fall apart in an inauthentic mess. Your actions seem robotic; your body language signals are disconnected from one another. You end up confusing the very people you're trying to attract because your body language just rings false.

* perish: 죽다

실효성 있는, 효과적인 몸짓 언어는 개별 전달 신호의 합계 이상이다. 사람들이 사전식 접근법과 같은 기계적 암기로부터 의사전달을 할 때, 그들은 더 큰 그림, 즉 사회적 인식의 모든 다양한 측면을 보지 못하게 된다. 대신, 그들은 팔짱을 낀 사람을 보고 "과묵하고, 화가 난" 것으로 생각한다. 그들은 미소를 보고 "행복한" 것으로 생각한다. 그들은 다른 사람들에게 "누가 윗사람인가"를 보여 주기 위해 세게 악수를 한다. 몸짓 언어 사전을 읽어서 몸짓 언어를 사용하려고 하는 것은 프랑스어 사전을 읽어서 프랑스어를 말하려고 하는 것과 같다. (의미 구성의) 요소들이 실효성 없는 상태로 분리되어 버리는 경향이 있다. 당신의 행동은 로봇처럼 어색해 보인다; 당신의 몸짓 언어 신호는 서로 단절된다. 당신의 몸짓 언어가 잘못 전달되었기 때문에 결국에는 당신이 마음을 끌려고 하는 사람들을 혼란스럽게 하는 결과를 초래한다.

22 요지

A goal-oriented mind-set can create a "yo-yo" effect. Many runners work hard for months, but as soon as they cross the finish line, they stop training. The race is no longer there to motivate them. When all of your hard work is focused on a particular goal, what is left to push you forward after you achieve it? This is why many people find themselves returning to their old habits after accomplishing a goal. The purpose of setting goals is to win the game. The purpose of building systems is to continue playing the game. True long-term thinking is goal-less thinking. It's not about any single accomplishment. It is about the cycle of endless refinement and continuous improvement. Ultimately, it is your commitment to the process that will determine your progress.

목표 지향적인 사고방식은 "요요" 효과를 낼 수 있다. 많은 달리기 선수들이 몇 달 동안 열심히 연습하지만, 결승선을 통과하는 순간 훈련을 중단한다. 그 경기는 더 이상 그들에게 동기를 주지 않는다. 당신이 애쓰는 모든 일이 특정한 목표에 집중될 때, 당신이 그것을 성취한 후에 당신을 앞으로 밀고 나갈 수 있는 것은 무엇인가? 이것이 많은 사람들이 목표를 성취한 후 옛 습관으로 되돌아가는 자신을 발견하는 이유다. 목표를 설정하는 목적은 경기에서 이기는 것이다. 시스템을 구축하는 목적은 게임을 계속하기 위한 것이다. 진정한 장기적 사고는 목표 지향적이지 않은 사고이다. 그것은 어떤 하나의 성취에 관한 것이 아니다. 그것은 끝없는 정제와 지속적인 개선의 순환에 관한 것이다. 궁극적으로, 당신의 발전을 결정짓는 것은 그 과정에 당신이 전념하는 것이다.

---

23 주제

Like anything else involving effort, compassion takes practice. We have to work at getting into the habit of standing with others in their time of need. Sometimes offering help is a simple matter that does not take us far out of our way — remembering to speak a kind word to someone who is down, or spending an occasional Saturday morning volunteering for a favorite cause. At other times, helping involves some real sacrifice. "A bone to the dog is not charity," Jack London observed. "Charity is the bone shared with the dog, when you are just as hungry as the dog." If we practice taking the many small opportunities to help others, we'll be in shape to act when those times requiring real, hard sacrifice come along.

노력과 관련된 다른 어떤 것과 마찬가지로, 연민은 연습이 필요하다. 우리는 곤경에 빠진 다른 사람들과 함께 하는 습관을 기르는 데 매진해야 한다. 때때로 도움을 주는 것은 우리의 일상에서 벗어나지 않는 단순한 일 — 낙담한 사람에게 친절한 말을 해 줄 것을 기억하거나 가끔 토요일 아침에 좋아하는 자원 봉사를 하는 것이다. 다른 때에는, 남을 돕는 것은 진정한 희생을 수반한다. Jack London은 "개에게 뼈를 주는 것은 자선이 아니다. 당신이 개만큼 배가 고플 때 개와 함께 나누는 그 뼈가 자선이다."라고 했다. 만약 우리가 다른 사람들을 돕기 위해 많은 작은 기회들을 가지는 연습을 하면, 우리는 진정한 힘든 희생이 필요한 시기가 올 때 행동할 준비가 될 것이다.

24 제목

Every event that causes you to smile makes you feel happy and produces feel-good chemicals in your brain. Force your face to smile even when you are stressed or feel unhappy. The facial muscular pattern produced by the smile is linked to all the "happy networks" in your brain and will in turn naturally calm you down and change your brain chemistry by releasing the same feel-good chemicals. Researchers studied the effects of a genuine and forced smile on individuals during a stressful event. The researchers had participants perform stressful tasks while not smiling, smiling, or holding chopsticks crossways in their mouths (to force the face to form a smile). The results of the study showed that smiling, forced or genuine, during stressful events reduced the intensity of the stress response in the body and lowered heart rate levels after recovering from the stress.

여러분을 미소 짓게 만드는 온갖 사건들은 여러분이 행복감을 느끼게 하고, 여러분의 뇌에서 기분을 좋게 만들어주는 화학물질을 생산해내도록 한다. 심지어 스트레스를 받거나 불행하다고 느낄 때조차 미소를 지어보자. 미소에 의해 만들어지는 안면 근육의 형태는 뇌의 모든 "행복 연결망"과 연결되어 있고, 따라서 자연스럽게 여러분을 안정시키고 기분을 좋게 만들어주는 동일한 화학물질들을 배출함으로써 뇌의 화학 작용을 변화시킬 것이다. 연구자들은 스트레스가 상당한 상황에서 진정한 미소와 억지 미소가 개개인들에게 미치는 영향을 연구하였다. 연구자들은 참가자들이 미소 짓지 않거나, 미소 짓거나, (억지 미소를 짓게 하기 위해) 입에 젓가락을 옆으로 물고서 스트레스를 수반한 과업을 수행하도록 했다. 연구의 결과는 미소가, 억지이든 진정한 것이든, 스트레스가 상당한 상황에서 인체의 스트레스 반응의 강도를 줄였고, 스트레스로부터 회복한 후의 심장 박동률의 수준도 낮추었다는 것을 보여주었다.

Perfect

25 도표

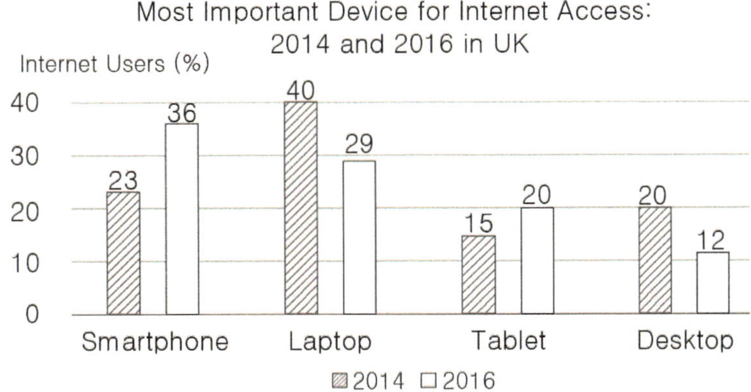

The above graph shows what devices British people considered the most important when connecting to the Internet in 2014 and 2016. More than a third of UK Internet users considered smartphones to be their most important device for accessing the Internet in 2016. In the same year, the smartphone overtook the laptop as the most important device for Internet access. In 2014, UK Internet users were the least likely to select a tablet as their most important device for Internet access. In contrast, they were the least likely to consider a desktop as their most important device for Internet access in 2016. The proportion of UK Internet users who selected a desktop as their most important device for Internet access decreased by half from 2014 to 2016.

*proportion: 비율

위 도표는 2014년과 2016년에 영국인들이 인터넷 접속을 할 때 어떤 장치들이 가장 중요하다고 생각했는지를 보여 준다. 2016년도에 3분의 1이 넘는 영국 인터넷 사용자들은 스마트폰을 가장 중요한 인터넷 접속 장치로 생각했다. 같은 해에, 스마트폰이 인터넷 접속을 위해 가장 중요한 장치로서 랩탑을 추월하였다. 2014년에, 영국 인터넷 사용자들은 인터넷 접속을 위한 가장 중요한 장치로 태블릿을 가장 적게 선택하는 경향이 있었다. 대조적으로, 2016년에는 인터넷 접속을 위한 가장 중요한 장치로 데스크탑을 가장 적게 선택하는 경향이 있었다. 인터넷 접속을 위한 가장 중요한 장치로 데스크탑을 선택한 영국 인터넷 사용자들의 비율은 2016년도에 2014년도 비율의 절반만큼 증가하였다 감소하였다

26 일치

Sigrid Undset was born on May 20, 1882, in Kalundborg, Denmark. She was the eldest of three daughters. She moved to Norway at the age of two. Her early life was strongly influenced by her father's historical knowledge. At the age of sixteen, she got a job at an engineering company to support her family. She read a lot, acquiring a good knowledge of Nordic as well as foreign literature, English in particular. She wrote thirty six books. None of her books leaves the reader unconcerned. She received the Nobel Prize for Literature in 1928. One of her novels has been translated into more than eighty languages. She escaped Norway during the German occupation, but she returned after the end of World War Ⅱ.

*Nordic: 북유럽 사람(의)

Sigrid Undset은 1882년 5월 20일 덴마크의 Kalundborg에서 태어났다. 그녀는 세 자매 중 첫째 딸이었다. 그녀는 2살에 노르웨이로 이주하였다. 그녀의 어린 시절은 아버지의 역사적 지식에 크게 영향을 받았다. 그녀는 16세에 가족을 부양하기 위해 기술 회사에 취업을 하였다. 그녀는 책을 많이 읽었고, 외국 문학, 특히 영국 문학 뿐만 아니라, 북유럽 문학에 관한 상당한 지식을 습득하였다. 그녀는 36권의 책을 집필하였다. 독자의 관심을 끌지 못한 책은 없다. 1928년에 그녀는 노벨 문학상을 수상하였다. 그녀의 소설 중 한 권은 80개 이상의 언어로 번역되었다. 그녀는 독일 점령 기간 중 노르웨이를 떠났으나, 2차 세계대전이 종료된 후 돌아왔다.

Perfect

27 일치

Swimming Summer Camp 2020

Great opportunity to learn basic swimming techniques with certified swimming coaches!

PARTICIPANTS & PERIOD

- Age 16 - 18 years
- July 27 - 31 (Monday - Friday)

DAILY SCHEDULE

11:00 a.m. - 12:00 p.m. Swimming Lesson

12:30 p.m. - 13:30 p.m. Lunch

PRICE

- $30 (lunch included)

※A free swimming cap will be provided to all participants.

REGISTRATION

- Online only: www.friendlycoaches.ca

Swimming Summer Camp 2020

검증된 수영 코치들과 함께
기본적인 수영 기법들을 배울 수 있는 훌륭한 기회!

참가자와 시기

- 16세에서 18세까지
- 7월 27일부터 31일까지 (월요일부터 금요일까지)

일정

오전 11:00 — 오후 12:00 수영 강습
오후 12:30 — 오후 13:30 점심 식사

가격

- 30달러 (점심 식사 포함)

※ 무료 수영모가 모든 참가자들에게 제공될 것이다.

등록

- 온라인을 통해서만: www.friendlycoaches.ca

---

28 일치

Rode Farmers Market

This lively market is held every Saturday in July from 9:00 a.m. until 11:30 a.m.

Where	What to Do
Open Garden	Buy Local Organic Food
Picnic Area	Enjoy Fun Family Events and Local Music
Farmers' House	Learn Basic Farming Techniques

◆ In case of rain, some events may be cancelled.

Location

Village of Scholar Green on A34, Cheshire

◆ Free Parking

Rode Farmers Market

이 생동감 넘치는 시장은 7월 매주 토요일 오전 9시부터 11시 30분까지 열립니다.

Where	What to Do
Open Garden	지역 유기농 음식을 구입하세요
Picnic Area	즐거운 가족 행사와 지역 음악을 즐기세요
Farmers' House	Learn Basic Farming Techniques

◆ 우천 시 몇몇 행사가 취소될 수 있습니다.

위치
Village of Scholar Green on A34, Cheshire
◆ 무료 주차

29 어법

Positively or negatively, our parents and families are powerful influences on us. But even stronger, especially when we're young, are our friends. We often choose friends as a way of expanding our sense of identity beyond our families. As a result, the pressure to conform to the standards and expectations of friends and other social groups is likely to be intense. Judith Rich Harris, who is a developmental psychologist, argues that three main forces shape our development: personal temperament, our parents, and our peers. The influence of peers, she argues, is much stronger than that of parents. "The world that children share with their peers," she says, "is what shapes their behavior and modifies the characteristics they were born with, and hence determines the sort of people they will be when they grow up."

*temperament: 기질

긍정적이든 부정적이든, 우리의 부모와 가족은 우리에게 강력한 영향을 미친다. 하지만 특히 우리가 어렸을 때, 훨씬 더 강한 영향을 주는 것은 우리의 친구들이다. 가족의 범위를 넘어서 우리의 정체성을 확장하는 방법으로 우리는 친구들을 선택한다. 그 결과, 친구와 다른 사회 집단의 기준과 기대에 부합해야 한다는 압박감이 거세질 가능성이 있다. 발달 심리학자 Judith Rich Harris는 우리의 발달을 형성하는 세 가지 주요한 힘은 : 개인적인 기질, 우리의 부모, 우리의 또래들이라고 주장한다. 또래들의 영향은 부모의 영향보다 훨씬 더 강하다고 그녀는 주장한다. "아이들이 그들의 또래들과 공유하는 세상은 그들의 행동을 형성하는 것이고, 그들이 가지고 태어난 특성을 수정하는 것이며, 따라서 그들이 자라서 어떤 사람이 될지를 결정하는 것이다."라고 그녀는 말한다.

30 어휘

The brain makes up just two percent of our body weight but uses 20 percent of our energy. In newborns, it's no less than 65 percent. That's partly why babies sleep all the time — their growing brains exhaust them — and have a lot of body fat, to use as an energy reserve when needed. Our muscles use even more of our energy, about a quarter of the total, but we have a lot of muscle. Actually, per unit of matter, the brain uses by far more energy than our other organs. That means that the brain is the most expensive of our organs. But it is also marvelously efficient. Our brains require only about four hundred calories of energy a day — about the same as we get from a blueberry muffin. Try running your laptop for twenty-four hours on a muffin and see how far you get.

뇌는 몸무게의 2 퍼센트만을 차지하지만 우리의 에너지의 20 퍼센트를 사용한다. 갓 태어난 아기의 경우, 그 비율은 65 퍼센트에 달한다. 그것은 부분적으로 아기들이 항상 잠을 자고 (뇌의 성장이 그들을 소진시키고), 체지방을 보유하는 이유인데, 필요할 때 보유한 에너지를 사용하기 위한 것이다. 근육은 약 4분의 1 정도로 훨씬 더 많은 에너지를 사용하기도 하지만, 많은 근육을 가지고 있기도 하다. 실제로, 물질 단위당, 뇌는 다른 기관보다 훨씬 많은 에너지를 사용한다. 그것은 우리 장기 중 뇌가 단연 가장 에너지 소모가 많다는 것을 의미한다. 하지만 그것은 또한 놀랍도록 효율적이다. 뇌는 하루에 약 400 칼로리의 에너지만 필요로 하는데, 블루베리 머핀에서 얻는 것과 거의 같다. 머핀으로 24시간 동안 노트북을 작동시켜서 얼마나 가는지 보라.

31 빈칸

When reading another scientist's findings, think critically about the experiment. Ask yourself: Were observations recorded during or after the experiment? Do the conclusions make sense? Can the results be repeated? Are the sources of information reliable? You should also ask if the scientist or group conducting the experiment was unbiased. Being unbiased means that you have no special interest in the outcome of the experiment. For example, if a drug company pays for an experiment to test how well one of its new products works, there is a special interest involved: The drug company profits if the experiment shows that its product is effective. Therefore, the experimenters aren't objective. They might ensure the conclusion is positive and benefits the drug company. When assessing results, think about any biases that may be present!

* vulnerable: 비난받기 쉬운   ** negligence: 태만

다른 과학자의 실험 결과물을 읽을 때, 그 실험에 대해 비판적으로 생각하라. 당신 자신에게 물어라: 관찰들이 실험 도중에 혹은 후에 기록되었나? 결론이 합리적인가? 그 결과들은 반복될 수 있는가? 정보의 출처는 신뢰할만한가? 당신은 실험을 수행한 그 과학자나 그룹이 한쪽으로 치우치지 않았는지 역시 물어야 한다. 한쪽으로 치우치지 않음은 당신이 실험의 결과로 특별한 이익을 얻지 않는다는 것을 의미한다. 예를 들면, 만약 한 제약회사가 그 회사의 새로운 제품 중 하나가 얼마나 잘 작용하는지 시험해보기 위한 실험 비용을 지불한다면, 특별한 이익이 관련된 것이다: 만약 실험이 그 제품이 효과 있음을 보여준다면, 그 제약회사는 이익을 본다. 따라서, 그 실험자들은 객관적이지 않다. 그들은 결론이 제약 회사에 우호적이고 이익을 주도록 보장 할지도 모른다. 결과들을 평가할 때, 있을 수 있는 어떤 치우침에 대해 생각하라!

Perfect

32 빈칸

Humans are champion long-distance runners. As soon as a person and a chimp start running they both get hot. Chimps quickly overheat; humans do not, because they are much better at shedding body heat. According to one leading theory, ancestral humans lost their hair over successive generations because less hair meant cooler, more effective long-distance running. That ability let our ancestors outmaneuver and outrun prey. Try wearing a couple of extra jackets — or better yet, fur coats — on a hot humid day and run a mile. Now, take those jackets off and try it again. You'll see what a difference a lack of fur makes.

*shed: 떨어뜨리다   **outmaneuver: ~에게 이기다

인간들은 최고의 장거리 달리기 선수들이다. 한 사람과 침팬지가 달리기를 시작하자마자 그들은 둘 다 더위를 느낀다. 침팬지는 빠르게 체온이 오른다; 인간들은 그렇지 않은데, 그들은 신체 열을 떨어뜨리는 것을 훨씬 잘하기 때문이다. 유력한 한 이론에 따르면, 털이 더 적으면 더 시원하고 장거리 달리기에 더 효과적인 것을 의미하기 때문에 선조들은 잇따른 세대에 걸쳐서 털을 잃었다. 그런 능력은 우리 조상들이 먹잇감을 이기고 앞질러서 달리게 했다. 덥고 습한 날에 여분의 재킷 두 개를 — 혹은 더 좋게는, 털 코트를 — 입는 것을 시도하고 1마일을 뛰어라. 이제, 그 재킷을 벗고 다시 시도하라. 당신은 털의 부족이 만드는 차이점이 무엇인지 알 것이다.

---

33 빈칸

Recently I was with a client who had spent almost five hours with me. As we were parting for the evening, we reflected on what we had covered that day. Even though our conversation was very collegial, I noticed that my client was holding one leg at a right angle to his body, seemingly wanting to take off on its own. At that point I said, "You really do have to leave now, don't you?" "Yes," he admitted. "I am so sorry. I didn't want to be rude but I have to call London and I only have five minutes!" Here was a case where my client's language and most of his body revealed nothing but positive feelings. His feet, however, were the most honest communicators, and they clearly told me that as much as he wanted to stay, duty was calling.

* collegial: 평등하게 책임을 지는

최근에 나는 나와 거의 5시간을 보낸 고객과 함께 있었다. 저녁을 위해 헤어지면서, 우리는 그날 다룬 내용을 되새겼다. 비록 우리의 대화가 매우 평등했음에도 불구하고, 나는 나의 고객이 한쪽 다리를 그의 몸에 직각으로 유지하고 있다는 것을 알아챘는데, 외견상 (한 쪽 다리가) 혼자서 급히 서둘러 떠나고 싶어 하는 것 같았다. 그 때 나는 "지금 정말 떠나야 하죠, 그렇지 않나요?"라고 말했다. "네."라고 그는 인정했다. "정말 미안합니다. 무례하게 굴고 싶지는 않았지만 런던에 전화해야 하는데 시간이 5분밖에 없어요!" 여기서 내 의뢰인의 언어와 그의 몸의 대부분은 긍정적인 감정만을 드러내고 있었다. 그러나 그의 발은 가장 정직한 의사 전달자였고 그것들은 그가 남아있고 싶은 만큼이나, 해야 할 일이 있어 떠나야 한다는 것을 분명히 나타냈다.

34 빈칸

One of the main reasons that students may think they know the material, even when they don't, is that they mistake familiarity for understanding. Here is how it works: You read the chapter once, perhaps highlighting as you go. Then later, you read the chapter again, perhaps focusing on the highlighted material. As you read it over, the material is familiar because you remember it from before, and this familiarity might lead you to think, "Okay, I know that." The problem is that this feeling of familiarity is not necessarily equivalent to knowing the material and may be of no help when you have to come up with an answer on the exam. In fact, familiarity can often lead to errors on multiple-choice exams because you might pick a choice that looks familiar, only to find later that it was something you had read, but it wasn't really the best answer to the question.

*equivalent: 동등한

자료의 내용은 알지 못할 때 조차도, 학생들이 알고 있다고 생각하는 주된 이유 중 하나는 친숙함을 이해하는 것으로 착각하기 때문이다. 그것이 작동하는 방식이 여기 있다: 당신은 읽을 때 아마도 (중요한 것을) 눈에 띄게 표시하면서, 그 장을 한 번 읽는다. 그러고 나서 나중에, 아마도 눈에 띄게 표시된 자료에 집중하면서, 그 장을 다시 읽는다. 그것을 거듭 읽어서, 이전에 읽은 것으로부터 그것을 기억하기 때문에 소재가 친숙하고, 이러한 친숙함으로 인해 "좋아, 그것을 알겠어."라고 생각하게 될지도 모른다. 문제는 이런 친숙한 느낌이 반드시 자료를 아는 것과 같은 것은 아니며 시험에서 답을 생각해내야 할 때 아무런 도움이 되지 않을 수도 있다는 점이다. 사실, 익숙해 보이는 선택지를 선택할 수 있기 때문에 친숙함은 종종 선다형 시험에서 오류를 일으킬 수 있는데, 결국 나중에 알게 된 것은 당신이 읽었던 것인데, 하지만 사실 그 질문에 대한 가장 좋은 해답은 아니었다는 것이다.

Perfect

35 무관

Given the widespread use of emoticons in electronic communication, an important question is whether they help Internet users to understand emotions in online communication. Emoticons, particularly character-based ones, are much more ambiguous relative to face-to-face cues and may end up being interpreted very differently by different users. Nonetheless, research indicates that they are useful tools in online text-based communication. One study of 137 instant messaging users revealed that emoticons allowed users to correctly understand the level and direction of emotion, attitude, and attention expression and that emoticons were a definite advantage in non-verbal communication. Similarly, another study showed that emoticons were useful in strengthening the intensity of a verbal message, as well as in the expression of sarcasm.

*ambiguous: 모호한   **verbal: 언어적인   ***sarcasm: 풍자

전자 통신에서 이모티콘이 널리 사용되고 있다는 점을 고려할 때, 중요한 문제는 인터넷 사용자들이 온라인상의 의사소통에서 감정을 이해하는데 그것들이 도움을 주는가의 여부이다. 이모티콘, 특히 문자에 기반한 것들은, 면대면을 통한 단서에 비해 훨씬 더 모호하며 결국 다른 사용자들에 의해 매우 다르게 해석될 수 있다. 그럼에도 불구하고, 연구는 그것들이 온라인상의 텍스트 기반 의사소통에서 유용한 도구라는 것을 보여준다. 137명의 인스턴트 메시지(실시간 텍스트 통신) 사용자들을 대상으로 한 연구는 이모티콘이 사용자들로 하여금 감정, 태도, 주의력 표현의 정도와 방향을 정확하게 이해할 수 있게 해주고 이모티콘이 비언어적 의사소통에서 확실한 장점이라는 것을 밝혀냈다. (사실, 언어적 의사소통과 비언어적 의사소통 간의 관계에 관한 연구는 거의 없었다.) 마찬가지로, 또 다른 연구는 이모티콘이 풍자의 표현에서 뿐만 아니라, 언어적 메시지의 강도를 강화하는 데 유용하다는 것을 보여주었다.

36 순서

Students work to get good grades even when they have no interest in their studies. People seek job advancement even when they are happy with the jobs they already have. It's like being in a crowded football stadium, watching the crucial play. A spectator several rows in front stands up to get a better view, and a chain reaction follows. Soon everyone is standing, just to be able to see as well as before. Everyone is on their feet rather than sitting, but no one's position has improved. And if someone refuses to stand, he might just as well not be at the game at all. When people pursue goods that are positional, they can't help being in the rat race. To choose not to run is to lose.

*rat race: 치열하고 무의미한 경쟁

학생들은 공부에 관심이 없을 때에도 좋은 성적을 얻기 위해 공부한다. 사람들은 심지어 이미 가지고 있는 직업에 행복할 때조차도 더 나은 직업을 추구한다. 그것은 마치 사람들로 붐비는 축구 경기장에서 중요한 경기를 관람하는 것과 같다. 몇 줄 앞에 있는 한 관중이 더 잘 보기 위해 일어서고, 뒤이어 연쇄 반응이 일어난다. 단지 이전처럼 잘 보기 위해 곧 모든 사람들이 일어서게 된다. 모두가 앉기보다는 일어서지만, 그 누구의 위치도 나아지지 않았다. 그리고 만약 누군가가 일어서기를 거부한다면, 그는 경기에 있지 않는 것이 나을 것이다. 사람들이 위치에 관련된 재화(이익)를 추구할 때, 그들은 치열하고 무의미한 경쟁을 하지 않을 수 없다. 뛰지 않기로 선택하는 것은 지는 것이다.

37 순서

When we compare human and animal desire we find many extraordinary differences. Animals tend to eat with their stomachs, and humans with their brains. When animals' stomachs are full, they stop eating, but humans are never sure when to stop. When they have eaten as much as their bellies can take, they still feel empty, they still feel an urge for further gratification. This is largely due to anxiety, to the knowledge that a constant supply of food is uncertain. Therefore, they eat as much as possible while they can. It is due, also, to the knowledge that, in an insecure world, pleasure is uncertain. Therefore, the immediate pleasure of eating must be exploited to the full, even though it does violence to the digestion.

*gratification: 만족감

인간과 동물의 욕망을 비교할 때 우리는 많은 특별한 차이점을 발견한다. 동물은 위장으로, 사람은 뇌로 먹는 경향이 있다. 동물은 배가 부르면 먹는 것을 멈추지만, 인간은 언제 멈춰야 할지 결코 확신하지 못한다. 인간은 배에 담을 수 있는 만큼 먹었을 때, 그들은 여전히 허전함을 느끼고 추가적인 만족감에 대한 충동을 느낀다. 이것은 주로 지속적인 식량 공급이 불확실하다는 인식에 따른 불안감 때문이다. 그러므로 그늘은 먹을 수 있을 때 가능한 한 최대로 많이 먹는다. 또한, 그것은 불안정한 세상에서 즐거움이 불확실하다는 인식 때문이다. 따라서 즉각적인 먹는 즐거움은 소화에 무리가 되더라도 충분히 이용하여야 한다.

---

38 삽입

Currently, we cannot send humans to other planets. One obstacle is that such a trip would take years. A spacecraft would need to carry enough air, water, and other supplies needed for survival on the long journey. Another obstacle is the harsh conditions on other planets, such as extreme heat and cold. Some planets do not even have surfaces to land on. Because of these obstacles, most research missions in space are accomplished through the use of spacecraft without crews aboard. These explorations pose no risk to human life and are less expensive than ones involving astronauts. The spacecraft carry instruments that test the compositions and characteristics of planets.

*composition: 구성 성분

현재, 우리는 인간을 다른 행성으로 보낼 수 없다. 한 가지 장애물은 그러한 여행이 수 년이 걸릴 것이라는 점이다. 우주선은 긴 여행에서 생존에 필요한 충분한 공기, 물, 그리고 다른 물자를 운반할 필요가 있을 것이다. 또 다른 장애물은 극심한 열과 추위 같은, 다른 행성들의 혹독한 기상 조건이다. 어떤 행성들은 착륙할 표면조차 가지고 있지 않다. 이러한 장애물들 때문에, 우주에서의 대부분의 연구 임무는 승무원이 탑승하지 않은 우주선을 사용해서 이루어진다. 이런 탐험들은 인간의 생명에 아무런 위험도 주지 않으며 우주 비행사들을 포함하는 탐험보다 비용이 덜 든다. 이 우주선은 행성의 구성 성분과 특성을 실험하는 기구들을 운반한다.

39 삽입

Our brains are constantly solving problems. Every time we learn, or remember, or make sense of something, we solve a problem. Some psychologists have characterized all infant language-learning as problem-solving, extending to children such scientific procedures as "learning by experiment," or "hypothesis-testing." Grown-ups rarely explain the meaning of new words to children, let alone how grammatical rules work. Instead they use the words or the rules in conversation and leave it to children to figure out what is going on. In order to learn language, an infant must make sense of the contexts in which language occurs; problems must be solved. We have all been solving problems of this kind since childhood, usually without awareness of what we are doing.

우리의 뇌는 끊임없이 문제를 해결하고 있다. 우리가 무언가를 배우거나, 기억하거나, 이해할 때마다, 우리는 문제를 해결한다. 일부 심리학자들은 모든 유아 언어 학습을 문제 해결이라고 규정하였고, 이를 어린이에게 확장하여 그러한 과학적 절차들을 "실험을 통한 학습" 혹은 "가설 검증"으로 보았다. 어른들은 아이들에게 문법적인 규칙이 어떻게 작용하는지는 말할 것도 없고, 새로운 단어의 의미를 거의 설명하지 않는다. 대신에 그들은 대화에서 단어나 규칙을 사용하고, 무슨 말인지 알아내는 일을 아이들에게 맡긴다. 언어를 배우려면, 유아는 언어를 사용하는 맥락을 파악해야 한다. 즉, 문제는 반드시 해결돼야 한다는 것이다. 우리 모두는 우리가 무엇을 하고 있는지에 대한 인식없이 어린 시절부터 이런 종류의 문제들을 해결해왔다.

---

40 요약

Have you noticed that some coaches get the most out of their athletes while others don't? A poor coach will tell you what you did wrong and then tell you not to do it again: "Don't drop the ball!" What happens next? The images you see in your head are images of you dropping the ball! Naturally, your mind recreates what it just "saw" based on what it's been told. Not surprisingly, you walk on the court and drop the ball. What does the good coach do? He or she points out what could be improved, but will then tell you how you could or should perform: "I know you'll catch the ball perfectly this time." Sure enough, the next image in your mind is you catching the ball and scoring a goal. Once again, your mind makes your last thoughts part of reality — but this time, that "reality" is positive, not negative.

어떤 코치들은 선수들에게서 최상의 결과를 이끌어 내는 반면 다른 코치들은 그렇지 않다는 것을 알아챘는가? 서투른 코치는 당신이 무엇을 잘못했는지 알려주고 나서 다시는 그러지 말라고 말할 것이다: "공을 떨어뜨리지 마라!" 그 다음엔 무슨 일이 일어날까? 당신이 머릿속에서 보게 되는 이미지는 당신이 공을 떨어뜨리는 이미지이다! 당연히, 당신의 마음은 그것이 들은 것을 바탕으로 방금 "본" 것을 재현한다. 놀랄 것도 없이, 당신은 코트에 걸어가서 공을 떨어뜨린다. 좋은 코치는 무엇을 하는가? 그 사람은 개선될 수 있는 것을 지적하지만, 그 후에 어떻게 할 수 있는지 또는 어떻게 해야 하는지에 대해 말할 것이다: "이번에는 네가 공을 완벽하게 잡을 거라는 걸 알아." 아니나 다를까, 다음으로 당신의 마음속에 떠오르는 이미지는 당신이 공을 '잡고' '득점하는' 것이다. 다시 한 번, 당신의 마음은 당신의 마지막 생각을 현실의 일부로 만들지만, 이번에는, 그 "현실"이 부정적이지 않고, 긍정적이다.

Perfect

41~2 제목, 빈칸

Marketers have known for decades that you buy what you see first. You are far more likely to purchase items placed at eye level in the grocery store, for example, than items on the bottom shelf. There is an entire body of research about the way "product placement" in stores influences your buying behavior. This gives you a chance to use product placement to your advantage. Healthy items like produce are often the least visible foods at home. You won't think to eat what you don't see. This may be part of the reason why 85 percent of Americans do not eat enough fruits and vegetables.

If produce is hidden in a drawer at the bottom of your refrigerator, these good foods are out of sight and mind. The same holds true for your pantry. I used to have a shelf lined with salty crackers and chips at eye level. When these were the first things I noticed, they were my primary snack foods. That same shelf is now filled with healthy snacks, which makes good decisions easy. Foods that sit out on tables are even more critical. When you see food every time you walk by, you are likely to eat it. So to improve your choices, leave good foods like apples and pistachios sitting out instead of crackers and candy.

*produce: 농산물

마케팅 담당자들은 당신이 먼저 보는 것을 산다는 것을 수십 년 동안 알고 있었다. 예를 들어, 아래쪽 선반에 있는 상품보다 식료품점의 눈높이에 있는 상품을 구매할 가능성이 훨씬 더 높다. 매장에서의 "제품 배치"가 구매 행동에 영향을 미치는 방식에 대한 매우 많은 연구가 있다. 이것은 당신에게 유리하게 제품 배치를 사용할 기회를 준다. 농산물과 같은 건강한 식품은 종종 집에서 가장 눈에 띄지 않는 음식이다. 당신은 보이지 않는 것을 먹으려고 생각하지 않을 것이다. 이것이 85%의 미국인들이 과일과 채소를 충분히 먹지 않는 이유 중 일부일 지도 모른다.

만약 농산물이 냉장고 밑의 서랍에 숨겨져 있으면, 이 좋은 음식들은 시야와 마음에서 벗어나 있다. 식료품 저장실에도 마찬가지다. 나는 눈높이에 짠 크래커와 칩이 줄지어 놓여 있는 선반을 가지고 있었다. 이것들이 먼저 내게 눈에 띄는 것이었을 때, 그것들이 나의 주된 간식이었다. 그 동일한 선반은 이제 건강에 좋은 간식으로 가득 차 있어, 좋은 결정을 내리기 쉽게 해준다. 식탁에 나와 있는 음식들은 훨씬 더 중요하다. 당신이 지나갈 때마다 음식을 보면, 당신은 그것을 집어 먹기 쉽다. 따라서 당신의 선택을 개선하기 위해, 크래커와 사탕 대신 사과와 피스타치오 같은 좋은 음식이 나와 있도록 해라.

43~5 순서, 지칭, 일치

"Grandma," asked Amy, "are angels real?" "Some people say so," said Grandmother. Amy told Grandmother that she had seen them in pictures. But she also wanted to know if her grandmother had ever actually seen an angel. Her grandmother said she had, but they looked different than in pictures. "Then, I am going to find one!" said Amy. "That's good! But I will go with you, because you're too little," said Grandmother. Amy complained, "But you walk so slowly." "I can walk faster than you think!" Grandmother replied, with a smile.

 So they started, Amy leaping and running. Then, she saw a horse coming towards them. On the horse sat a wonderful lady. When Amy saw her, the woman sparkled with jewels and gold, and her eyes were brighter than diamonds. "Are you an angel?" asked Amy. The lady gave no reply, but stared coldly at her, leaving without saying a word.

"할머니, 정말 천사가 있어요?" Amy가 물었다. "몇몇 사람들은 그렇다고 하지," 할머니가 말했다. Amy는 할머니에게 그녀가 그림에서 천사들을 본 적이 있다고 말했다. 하지만 (a) 그녀는 또한 그녀의 할머니도 실제로 천사를 본 적이 있는지 알고 싶어 했다. 할머니는 천사를 본 적이 있다고 하였으나 그림에서 본 것과는 다르다고 했다. "그럼, 천사를 찾으러 가볼래요!" Amy가 말했다. "그거 좋네! 하지만 나는 너와 함께 가야겠어. 네가 너무 어리잖니." 할머니가 말했다. "하지만 할머니는 너무 늦게 걷잖아요." Amy가 불평했다. "할머니는 네가 생각하는 것보다 더 빨리 걸을 수 있어." 할머니가 미소를 지으며 대답했다.
그래서 그들은 길을 나섰고 Amy는 뛰어다녔다. 그때, 그녀가 그들 쪽으로 다가오는 말을 보았다. 그 말에는 멋진 여자가 타고 있었다. Amy가 그녀를 보았을 때 그녀는 보석과 황금으로 반짝이고 있었고, 그녀의 눈은 다이아몬드보다 더욱 더 밝게 빛났다. "당신은 천사인가요?" Amy가 물었다. 그 여자는 대답하지 않고 그녀를 차갑게 바라보며 아무런 말없이 자리를 떠났다.

Perfect

"That was not an angel!" said Amy. "No, indeed!" said Grandmother. So Amy walked ahead again. Then, she met a beautiful woman who wore a dress as white as snow. "You must be an angel!" cried Amy. "You dear little girl, do I really look like an angel?" she asked. "You are an angel!" replied Amy. But suddenly the woman's face changed when Amy stepped on her dress by mistake. "Go away, and go back to your home!" she shouted.

 As Amy stepped back from the woman, she stumbled and fell. She lay in the dusty road and sobbed. "I am tired! Will you take me home, Grandma?" she asked. "Sure! That is what I came for," Grandmother said in a warm voice. They started to walk along the road. Suddenly Amy looked up and said, "Grandma, you are not an angel, are you?" "Oh, honey," said Grandmother, "I'm not an angel." "Well, Grandma, you are an angel to me because you always stay by my side," said Amy.

*stumble: 비틀거리다   **sob: 흐느끼다

"저 사람은 천사가 아니야!" Amy가 말했다. "그래 네 말이 맞아." 할머니가 말했다. 그래서 Amy는 다시 앞장서서 길을 걷기 시작했다. 그때, 그녀는 눈처럼 하얀 드레스를 입은 한 아름다운 여자를 만났다. "당신은 천사가 틀림없어요!" Amy가 외쳤다. "귀여운 아가씨, 내가 정말 천사처럼 보여?" 그녀가 물었다. "당신은 천사에요!" Amy가 말했다. 하지만 Amy가 실수로 그녀의 드레스를 밟았을 때 갑자기 그녀의 얼굴이 돌변했다. "저리 비켜. 집에나 가!", 그녀가 외쳤다.
 Amy가 그녀로부터 뒤로 물러나며 비틀거리다 바닥으로 넘어졌다. 그녀는 더러운 길가에 넘어졌고 울음을 터뜨렸다. "난 지쳤어요! 할머니 저를 집으로 좀 데려다 주세요." "물론이지! 그래서 내가 여기 있는 거잖니." 할머니가 따뜻한 목소리로 말했다. 그들은 길을 따라 걷기 시작했다. 갑자기 그녀가 고개를 들어 말했다. "할머니, 혹시 할머니가 천사일까요?" "오, 아가, 난 천사가 아니야." "음, 할머니, 당신은 저에게 천사가 맞아요. 왜냐면 항상 제 곁에 있어 주시니까요."라고 Amy가 말했다.

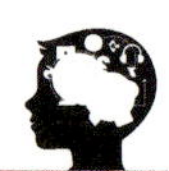

2020 고1 6월 모의고사

❶ voca ❷ text ❸ [/] ❹ ____ ❺ quiz 1 ❻ quiz 2 ❼ quiz 3 ❽ quiz 4 ❻ quiz 5

18 목적

❶ 회차   점 / 230점

Dear Mr. Anderson

On [**behalf** / **half**]1) of Jeperson High School, I am writing this letter to request [**permit** / **permission**]2) to [**conduct** / **product**]3) an industrial field trip in your factory. We hope to give some [**practical** / **impractical**]4) education to our students in [**disregard** / **regard**]5) to industrial procedures. With this purpose [**in** / **to**]6) mind, we believe your firm is [**idea** / **ideal**]7) to carry out such a project. **But (=Y________)**8) of course, we need your [**blessing** / **bless**]9) and support. 35 students would be [**accompanied** / **accompany**]10) by two teachers. And we would just need a day for the trip. I would really appreciate your cooperation.

Sincerely, Mr. Ray Feynman

Anderson씨에게, Jeperson 고등학교를 대표해서, 저는 귀 공장에서 산업 현장견학을 할 수 있도록 허가를 요청하기 위해 이 편지를 쓰고 있습니다. 저희는 학생들에게 산업 절차와 관련해 몇 가지 실제적인 교육을 하기를 희망합니다. 이러한 목적을 생각할 때, 저희는 그러한 프로젝트를 진행하기 위해 귀사가 이상적이라고 믿습니다. 물론, 저희는 귀사의 승인과 협조가 필요합니다. 두 명의 선생님이 35명의 학생들과 동행할 것입니다. 저희는 이 현장 견학을 위해 단 하루를 예정하고 있습니다. 협조해주시면 정말 감사하겠습니다.

19 심경

Erda [**lay** / **lied**]11) on her back in a clearing, [**watch** / **watching**]12) drops of sunlight slide through the mosaic of leaves above her. She joined them for a little, **moving (동명사? 현재분사? ____________)**13) with the gentle [**breath** / **breeze**]14) , feeling the warm sun [**feed** / **fed**]15) her. A [**slightly** / **slight**]16) smile was spreading over her face. She slowly turned over and [**pulled** / **pushed**]17) her face into the grass, smelling the green [**pleasant** / **pleased**]18) scent from the fresh wild flowers. Free from her daily burden, she got [**to** / **at**]19) her feet and went on. Erda walked between the warm trunks of the trees. She felt all her concerns had [**gone** / **went**]20) away.

Erda는 개간지에 드러누워 그녀 위쪽의 모자이크 모양의 나뭇잎 사이로 부서진 햇살이 스며드는 것을 지켜보았다. 그녀는 따뜻한 태양이 자신에게 자양분을 주는 것을 느끼며, 미풍을 따라 움직이면서 그것들과 잠시 함께 했다. 그녀의 얼굴에 엷은 미소가 번지고 있었다. 그녀는 몸을 천천히 돌려 신선한 야생화로부터 풍겨오는 푸르고 쾌적한 향기를 맡으며 풀밭으로 얼굴을 내밀었다. 일상의 부담에서 벗어나 그녀는 일어서서 걸었다. Erda는 나무들의 따뜻한 기둥 사이를 걸었다. 그녀는 모든 걱정이 사라졌음을 느꼈다.

Perfect

20 주장

The dish you start **[with / to]**21) serves as an anchor food for your entire meal. **[Experiments / Experts]**22)

show that people eat **[rarely / nearly]**23) 50 percent greater **[quality / quantity]**24) of the food they eat first.

If you start with a dinner roll, you will eat more starches, less protein, and fewer vegetables. Eat the healthiest

food on your plate first. As age-old wisdom **[suggest / suggests]**25), this usually means starting **[to / with**

]26) your vegetables or salad. **If (어떤 절을 이끄는 접속사? ______________)**27) you are going to eat something **[**

unhealthy / healthy]28), at least save it **[for / at]**29) last. This will give your body the opportunity to fill up

on better options **[before / after]**30) you move on to starches or sugary desserts.

당신이 먼저 먹는 요리가 당신의 전체 식사에 닻을 내리는 음식의 역할을 한다. 실험은 사람들이 먼저 먹는 음식을 거의 50% 더
많이 먹는다는 것을 보여준다. 만약 당신이 디너 롤로 시작하면, 당신은 더 많은 녹말과 더 적은 단백질, 그리고 더 적은 채소를
먹을 것이다. 접시에 있는 가장 건강에 좋은 음식을 먼저 먹어라. 오래된 지혜에서 알 수 있듯이, 이것은 보통 채소나 샐러드를 먼
저 먹는 것을 의미한다. 만약 당신이 건강에 좋지 않은 음식을 먹을 것이라면, 적어도 그것을 마지막 순서로 남겨둬라. 이것은 여
러분이 녹말이나 설탕이 든 디저트로 이동하기 전에 당신의 몸을 더 나은 선택 사항들로 채울 기회를 줄 것이다.

---

21 의미

Authentic, effective body language is more than the sum of individual signals. When people work from this

rote-memory, dictionary **approach (품사? ______________)**31), they stop **[seeing / to see]**32) the bigger picture,

all the diverse aspects of social perception. Instead, they see a person with **[crossed / cross]**33) arms and

think, " **[Reserved / Reserve]**34), angry." They see a smile and think, "Happy." They use a firm handshake to

show other people "who is boss." Trying to use body language by reading a body language dictionary is like **[**

try / trying]35) to speak French by **[read / reading]**36) a French dictionary. Things tend to fall apart in an

inauthentic mess. Your actions seem **[robotic / natural]**37) ; your body language signals are disconnected from

one **[the other / another]**38) . You end **[up / to]**39) confusing the very people you're trying to attract

because your body language just **[rings / ring]**40) false.

실효성 있는, 효과적인 몸짓 언어는 개별 전달 신호의 합계 이상이다. 사람들이 사전식 접근법과 같은 기계적 암기로부터 의사전
달을 할 때, 그들은 더 큰 그림, 즉 사회적 인식의 모든 다양한 측면을 보지 못하게 된다. 대신, 그들은 팔짱을 낀 사람을 보고
"과묵하고, 화가 난" 것으로 생각한다. 그들은 미소를 보고 "행복한" 것으로 생각한다. 그들은 다른 사람들에게 "누가 윗사람인가"
를 보여 주기 위해 세게 악수를 한다. 몸짓 언어 사전을 읽어서 몸짓 언어를 사용하려고 하는 것은 프랑스어 사전을 읽어서 프랑
스어를 말하려고 하는 것과 같다. (의미 구성의) 요소들이 실효성 없는 상태로 분리되어 버리는 경향이 있다. 당신의 행동은 로봇
처럼 어색해 보인다; 당신의 몸짓 언어 신호는 서로 단절된다. 당신의 몸짓 언어가 잘못 전달되었기 때문에 결국에는 당신이 마음
을 끌려고 하는 사람들을 혼란스럽게 하는 결과를 초래한다.

22 요지

A goal-oriented mind-set can create a "yo-yo" effect. Many runners work hard for months, but as soon as they cross the finish line, they stop [**training / to train**]⁴¹⁾ . The race is no longer there to motivate them. When all of your hard work is [**focus / focused**]⁴²⁾ on a particular goal, what is left to push you [**toward / forward**]⁴³⁾ after you achieve it? **This is why** (뒤에 나오는 내용은 원인? 결과? ______________)⁴⁴⁾ many people find themselves [**returning / return**]⁴⁵⁾ to their old habits after accomplishing a goal. The purpose of setting goals is [**to / x**]⁴⁶⁾ win the game. The purpose of building systems is to continue [**playing / play**]⁴⁷⁾ the game. True long-term thinking is goal-less thinking. It's not about any single accomplishment. It is about the cycle of [**endless / ending**]⁴⁸⁾ refinement and [**continuous / continue**]⁴⁹⁾ improvement. Ultimately, it is your [**indecisiveness / commitment**]⁵⁰⁾ to the process that will determine your progress.

목표 지향적인 사고방식은 "요요" 효과를 낼 수 있다. 많은 달리기 선수들이 몇 달 동안 열심히 연습하지만, 결승선을 통과하는 순간 훈련을 중단한다. 그 경기는 더 이상 그들에게 동기를 주지 않는다. 당신이 애쓰는 모든 일이 특정한 목표에 집중될 때, 당신이 그것을 성취한 후에 당신을 앞으로 밀고 나갈 수 있는 것은 무엇인가? 이것이 많은 사람들이 목표를 성취한 후 옛 습관으로 되돌아가는 자신을 발견하는 이유다. 목표를 설정하는 목적은 경기에서 이기는 것이다. 시스템을 구축하는 목적은 게임을 계속하기 위한 것이다. 진정한 장기적 사고는 목표 지향적이지 않은 사고이다. 그것은 어떤 하나의 성취에 관한 것이 아니다. 그것은 끝없는 정제와 지속적인 개선의 순환에 관한 것이다. 궁극적으로, 당신의 발전을 결정짓는 것은 그 과정에 당신이 전념하는 것이다.

---

23 주제

Like anything else involving effort, [**passion / compassion**]⁵¹⁾ takes practice. We have to work at getting into the habit of [**standing / stand**]⁵²⁾ with others in [**their / his or her**]⁵³⁾ time of need. Sometimes offering help is a simple matter that [**do / does**]⁵⁴⁾ not take us far out of our way — remembering to speak a kind word to someone who is down, or spending an occasional Saturday morning [**volunteering / volunteer**]⁵⁵⁾ for a favorite cause. At other times, **helping** (동명사? 현재분사? ______________)⁵⁶⁾ involves some real sacrifice . "A bone to the dog is not charity," Jack London observed. "Charity is the bone shared with the dog, when you are just as hungry as the dog." If we practice [**taking / takes**]⁵⁷⁾ the many small opportunities to help others, we'll be [**in / by**]⁵⁸⁾ shape to act when those times [**requiring / require**]⁵⁹⁾ real, hard sacrifice [**comes / come**]⁶⁰⁾ along.

노력과 관련된 다른 어떤 것과 마찬가지로, 연민은 연습이 필요하다. 우리는 곤경에 빠진 다른 사람들과 함께 하는 습관을 기르는 데 매진해야 한다. 때때로 도움을 주는 것은 우리의 일상에서 벗어나지 않는 단순한 일 — 낙담한 사람에게 친절한 말을 해 줄 것을 기억하거나 가끔 토요일 아침에 좋아하는 자원 봉사를 하는 것이다. 다른 때에는, 남을 돕는 것은 진정한 희생을 수반한다. Jack London은 "개에게 뼈를 주는 것은 자선이 아니다. 당신이 개만큼 배가 고플 때 개와 함께 나누는 그 뼈가 자선이다."라고 했다. 만약 우리가 다른 사람들을 돕기 위해 많은 작은 기회들을 가지는 연습을 하면, 우리는 진정한 힘든 희생이 필요한 시기가 올 때 행동할 준비가 될 것이다.

24 제목

Every event that [**cause / causes**] you to smile [**make / makes**]61) you feel happy and produces feel-good chemicals in your brain. Force your face to smile even when you are [**stressed / stress**]62) or feel unhappy. The facial muscular pattern produced by the smile [**are / is**]63) linked to all the "happy networks" in your brain and will [**in / at**]64) turn naturally calm you down and change your brain chemistry by releasing the same feel-good chemicals. Researchers studied the [**effects / affect**]65) of a genuine and [**forced / force**]66) smile on individuals during a stressful event. The researchers had [**participants / participations**]67) perform stressful tasks [**during / while**]68) not smiling, smiling, or holding chopsticks crossways in their mouths (to force the face to form a smile). The results of the study showed **that** (어떤 that? ______________)69) smiling, forced or genuine, [**during / while**]70) stressful events reduced the intensity of the stress response in the body and lowered heart rate levels after recovering from the stress.

여러분을 미소 짓게 만드는 온갖 사건들은 여러분이 행복감을 느끼게 하고, 여러분의 뇌에서 기분을 좋게 만들어주는 화학물질을 생산해내도록 한다. 심지어 스트레스를 받거나 불행하다고 느낄 때조차 미소를 지어보자. 미소에 의해 만들어지는 안면 근육의 형태는 뇌의 모든 "행복 연결망"과 연결되어 있고, 따라서 자연스럽게 여러분을 안정시키고 기분을 좋게 만들어주는 동일한 화학물질들을 배출함으로써 뇌의 화학 작용을 변화시킬 것이다. 연구자들은 스트레스가 상당한 상황에서 진정한 미소와 억지 미소가 개개인들에게 미치는 영향을 연구하였다. 연구자들은 참가자들이 미소 짓지 않거나, 미소 짓거나, (억지 미소를 짓게 하기 위해) 입에 젓가락을 옆으로 물고서 스트레스를 수반한 과업을 수행하도록 했다. 연구의 결과는 미소가, 억지이든 진정한 것이든, 스트레스가 상당한 상황에서 인체의 스트레스 반응의 강도를 줄였고, 스트레스로부터 회복한 후의 심장 박동률의 수준도 낮추었다는 것을 보여주었다.

25 도표

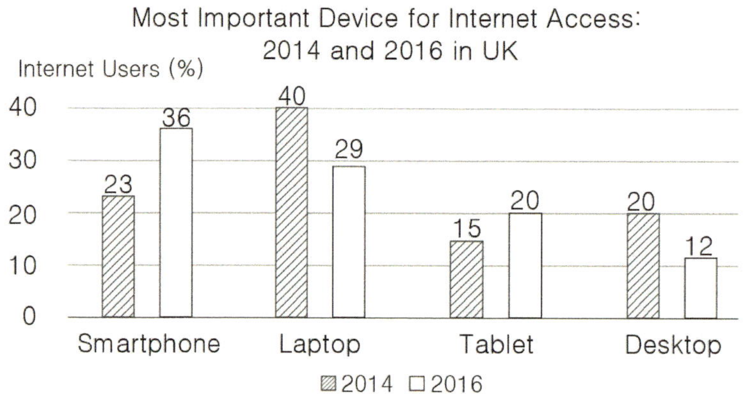

The above graph shows [**what / how**]71) devices British people considered the most important when [**connecting / connection**]72) to the Internet in 2014 and 2016. [**Less / More**]73) than a third of UK Internet users considered smartphones to [**be / x**]74) their most important device for accessing the Internet in 2016. In the same year, the smartphone [**overtook / fell behind**]75) the laptop as the most important device for Internet access. In 2014, UK Internet users were the [**most / least**]76) likely to select a tablet as their most important device for Internet access. In contrast, they were the least likely to consider a desktop as their most [**unimportant / important**]77) device for Internet access in 2016. The proportion of UK Internet users who selected a desktop as their most important device for Internet access [**decreased / increased**]78) **by** (해석? _______________)79) [**one third / half**]80) from 2014 to 2016.

위 도표는 2014년과 2016년에 영국인들이 인터넷 접속을 할 때 어떤 장치들이 가장 중요하다고 생각했는지를 보여 준다. 2016년도에 3분의 1이 넘는 영국 인터넷 사용자들은 스마트폰을 가장 중요한 인터넷 접속 장치로 생각했다. 같은 해에, 스마트폰이 인터넷 접속을 위해 가장 중요한 장치로서 랩탑을 추월하였다. 2014년에, 영국 인터넷 사용자들은 인터넷 접속을 위한 가장 중요한 장치로 태블릿을 가장 적게 선택하는 경향이 있었다. 대조적으로, 2016년에는 인터넷 접속을 위한 가장 중요한 장치로 데스크탑을 가장 적게 선택하는 경향이 있었다. 인터넷 접속을 위한 가장 중요한 장치로 데스크탑을 선택한 영국 인터넷 사용자들의 비율은 2016년도에 2014년도 비율의 절반만큼 증가하였다 감소하였다

Perfect

26 일치

Sigrid Undset was born on May 20, 1882, in Kalundborg, Denmark. She was the [**eldest / oldest**]81) of three daughters. She moved to Norway at the age of two. Her early life was [**strong / strongly**]82) influenced by her father's historical [**acknowledge / knowledge**]83) . At the age of sixteen, she got a job at an [**engineering / engineer**]84) company to support her family. She read a lot, [**acquiring / requiring**]85) a good knowledge of Nordic as well as foreign literature, English in [**particularly / particular**]86) . She wrote thirty six books. None of her books leaves the reader [**unconcerned / concerned**]87) . She received the Nobel Prize for Literature in 1928. One of her novels has been translated [**to / into**]88) more than eighty languages. She escaped Norway during the German [**occupation / occupy**]89) , but she returned after the end of World War Ⅱ.

Sigrid Undset은 1882년 5월 20일 덴마크의 Kalundborg에서 태어났다. 그녀는 세 자매 중 첫째 딸이었다. 그녀는 2살에 노르웨이로 이주하였다. 그녀의 어린 시절은 아버지의 역사적 지식에 크게 영향을 받았다. 그녀는 16세에 가족을 부양하기 위해 기술 회사에 취업을 하였다. 그녀는 책을 많이 읽었고, 외국 문학, 특히 영국 문학 뿐만 아니라, 북유럽 문학에 관한 상당한 지식을 습득하였다. 그녀는 36권의 책을 집필하였다. 독자의 관심을 끌지 못한 책은 없다. 1928년에 그녀는 노벨 문학상을 수상하였다. 그녀의 소설 중 한 권은 80개 이상의 언어로 번역되었다. 그녀는 독일 점령 기간 중 노르웨이를 떠났으나, 2차 세계대전이 종료된 후 돌아왔다.

---

29 어법

Positively or negatively , our parents and families are powerful influences on us. But even stronger, especially when we're young, [**are / is**]90) (이 동사의 주어는? ___________)91) our friends. We often choose friends as a way of expanding our sense of [**identity / identification**]92) [**behind / beyond**]93) our families. As a result, the pressure to [**confirm / conform**]94) to the standards and expectations of friends and other social groups is [**likely / liked**]95) to be intense. Judith Rich Harris, who is a developmental psychologist, [**argues / arguing**]96) that three main forces shape our development: personal temperament, our parents, and our peers. The influence of peers, she argues, [**x / is**]97) much stronger than [**which / that**]98) of parents. "The world that children share with their peers," she says, "[**are / is**]99) what shapes their behavior and modifies the characteristics (생략된 것? ___________)100) they were born with, and hence determines the sort of people they will be when they grow up."

긍정적이든 부정적이든, 우리의 부모와 가족은 우리에게 강력한 영향을 미친다. 하지만 특히 우리가 어렸을 때, 훨씬 더 강한 영향을 주는 것은 우리의 친구들이다. 가족의 범위를 넘어서 우리의 정체성을 확장하는 방법으로 우리는 친구들을 선택한다. 그 결과, 친구와 다른 사회 집단의 기준과 기대에 부합해야 한다는 압박감이 거세질 가능성이 있다. 발달 심리학자 Judith Rich Harris는 우리의 발달을 형성하는 세 가지 주요한 힘은: 개인적인 기질, 우리의 부모, 우리의 또래들이라고 주장한다. 또래들의 영향은 부모의 영향보다 훨씬 더 강하다고 그녀는 주장한다. "아이들이 그들의 또래들과 공유하는 세상은 그들의 행동을 형성하는 것이고, 그들이 가지고 태어난 특성을 수정하는 것이며, 따라서 그들이 자라서 어떤 사람이 될지를 결정하는 것이다."라고 그녀는 말한다.

30 어휘

The brain makes **[up / in]**101) just two percent of our body weight but uses 20 percent of our energy. In newborns, it's no less than 65 percent. That's **[partial / partly]**102) why babies sleep all the time — their growing brains **[exhaust / excite]**103) them — and **[have / has]**104) a lot of body fat, to use as an energy reserve when **[needed / need]**105) . Our muscles use even more of our energy, about a quarter of the total, but we have a lot of muscle. Actually, per unit of matter, the brain uses **[as / by]**106) far more energy than our other organs. That means **that (어떤 that? ____________)**107) the brain is the most expensive of our organs. But **[they are / it is]**108) also marvelously **[efficient / effective]**109) . Our brains require only about four hundred calories of energy a day — about the same as we get from a blueberry muffin. Try running your laptop **[for / while]**110) twenty-four hours on a muffin and see how far you get.

뇌는 몸무게의 2 퍼센트만을 차지하지만 우리의 에너지의 20 퍼센트를 사용한다. 갓 태어난 아기의 경우, 그 비율은 65 퍼센트에 달한다. 그것은 부분적으로 아기들이 항상 잠을 자고 (뇌의 성장이 그들을 소진시키고), 체지방을 보유하는 이유인데, 필요할 때 보유한 에너지를 사용하기 위한 것이다. 근육은 약 4분의 1 정도로 훨씬 더 많은 에너지를 사용하기도 하지만, 많은 근육을 가지고 있기도 하다. 실제로, 물질 단위당, 뇌는 다른 기관보다 훨씬 많은 에너지를 사용한다. 그것은 우리 장기 중 뇌가 단연 가장 에너지 소모가 많다는 것을 의미한다. 하지만 그것은 또한 놀랍도록 효율적이다. 뇌는 하루에 약 400 칼로리의 에너지만 필요로 하는데, 블루베리 머핀에서 얻는 것과 거의 같다. 머핀으로 24시간 동안 노트북을 작동시켜서 얼마나 가는지 보라.

---

31 빈칸

When reading another scientist's findings, think critically about the experiment. Ask yourself: Were observations recorded during or after the experiment? Do the conclusions make sense? Can the results be **[repeated / repeating]**111)? Are the sources of information **[relying / reliable]**112) ? You should also ask if the scientist or group conducting the experiment was **[unbiased / biased]**113) . Being **[unbiased / biased]**114) means that you have no special interest in the outcome of the experiment. For example, if a drug company pays for an experiment to test how well one of its new products works, there is a special interest **[involved / involve]**115) : The drug company profits if the experiment shows that **[its / their]**116) product is **[effective / affective]**117) . Therefore, the experimenters aren't **[objective / object]**118) . They might ensure **(생략된 것? ____________)**119) the conclusion is positive and **[benefit / benefits]**120) the drug company. When assessing results, think about any biases that may be present!

다른 과학자의 실험 결과물을 읽을 때, 그 실험에 대해 비판적으로 생각하라. 당신 자신에게 물어라: 관찰들이 실험 도중에 혹은 후에 기록되었나? 결론이 합리적인가? 그 결과들은 반복될 수 있는가? 정보의 출처는 신뢰할만한가? 당신은 실험을 수행한 그 과학자나 그룹이 한쪽으로 치우치지 않았는지 역시 물어야 한다. 한쪽으로 치우치지 않음은 당신이 실험의 결과로 특별한 이익을 얻지 않는다는 것을 의미한다. 예를 들면, 만약 한 제약회사가 그 회사의 새로운 제품 중 하나가 얼마나 잘 작용하는지 시험해보기 위한 실험 비용을 지불한다면, 특별한 이익이 관련된 것이다: 만약 실험이 그 제품이 효과 있음을 보여준다면, 그 제약회사는 이익을 본다. 따라서, 그 실험자들은 객관적이지 않다. 그들은 결론이 제약 회사에 우호적이고 이익을 주도록 보장 할지도 모른다. 결과들을 평가할 때, 있을 수 있는 어떤 치우침에 대해 생각하라!

Perfect

32 빈칸

Humans are champion long-distance runners. As soon as a person and a chimp start running they both get hot. Chimps quickly [**overheat** / **overheated**]121) ; humans do not, because they are much better at [**shedding** / **keeping**]122) body heat. [**According** / **Based**]123) to one leading theory, ancestral humans lost their hair over [**successive** / **successful**]124) generations because [**more** / **less**]125) hair meant cooler, more [**affective** / **effective**]126) long-distance running. **That** (어떤 that? ______________)127) ability let our ancestors outmaneuver and outrun [**prey** / **pray**]128) . Try wearing a couple of extra jackets — or better yet, fur coats — on a hot humid day and run a mile. Now, take those jackets off and try it again. You'll see what a difference a [**lack** / **sufficiency**]129) of fur [**make** / **makes**]130) .

인간들은 최고의 장거리 달리기 선수들이다. 한 사람과 침팬지가 달리기를 시작하자마자 그들은 둘 다 더위를 느낀다. 침팬지는 빠르게 체온이 오른다; 인간들은 그렇지 않은데, 그들은 신체 열을 떨어뜨리는 것을 훨씬 잘하기 때문이다. 유력한 한 이론에 따르면, 털이 더 적으면 더 시원하고 장거리 달리기에 더 효과적인 것을 의미하기 때문에 선조들은 잇따른 세대에 걸쳐서 털을 잃었다. 그런 능력은 우리 조상들이 먹잇감을 이기고 앞질러서 달리게 했다. 덥고 습한 날에 여분의 재킷 두 개를 — 혹은 더 좋게는, 털 코트를 — 입는 것을 시도하고 1마일을 뛰어라. 이제, 그 재킷을 벗고 다시 시도하라. 당신은 털의 부족이 만드는 차이점이 무엇인지 알 것이다.

---

33 빈칸

Recently I was with a client who had spent almost five hours with me. As we were [**apart** / **parting**]131) for the evening, we reflected [**on** / **at**]132) what we had covered that day. [**Despite** / **Even though**]133) our conversation was very collegial, I [**noticed** / **notified**]134) that my client was holding one leg at a right angle to his body, [**seemingly** / **seem**]135) wanting to take off on its own. At that point I said, "You really do have to leave now, don't you?" "Yes," he [**refused** / **admitted**]136) . "I am so sorry. I didn't want to be rude but I have to call London and I only have five minutes!" Here was a case **where** (어떤 절을 이끄는 접속사? ______________)137) my client's language and most of his body revealed [**nothing** / **anything**]138) but positive feelings. His feet, [**however** / **thus**]139) , were the most honest communicators, and they clearly told me that as much as he wanted to stay, duty was [**called** / **calling**]140) .

최근에 나는 나와 거의 5시간을 보낸 고객과 함께 있었다. 저녁을 위해 헤어지면서, 우리는 그날 다룬 내용을 되새겼다. 비록 우리의 대화가 매우 평등했음에도 불구하고, 나는 나의 고객이 한쪽 다리를 그의 몸에 직각으로 유지하고 있다는 것을 알아챘는데, 외견상 (한 쪽 다리가) 혼자서 급히 서둘러 떠나고 싶어 하는 것 같았다. 그 때 나는 "지금 정말 떠나야 하죠, 그렇지 않나요?"라고 말했다. "네."라고 그는 인정했다. "정말 미안합니다. 무례하게 굴고 싶지는 않았지만 런던에 전화해야 하는데 시간이 5분밖에 없어요!" 여기서 내 의뢰인의 언어와 그의 몸의 대부분은 긍정적인 감정만을 드러내고 있었다. 그러나 그의 발은 가장 정직한 의사 전달자였고 그것들은 그가 남아있고 싶은 만큼이나, 해야 할 일이 있어 떠나야 한다는 것을 분명히 나타냈다.

34 빈칸

One of the main reasons that students may think they know the material, even when they don't, [**is / are**]141) that they mistake [**familiarity / familiar**]142) for understanding. Here is how it works: You read the chapter once, perhaps [**to highlight / highlighting**]143) as you go. Then later, you read the chapter again, perhaps [**focusing / to focus**]144) on the [**hightlighting / highlighted**]145) material. As you read it over, the material is familiar because you remember it from before, and this familiarity might [**lead / leads**]146) you to think, "Okay, I know that." The problem is that this feeling of familiarity is not [**necessarily / necessary**]147) [**unequivalent / equivalent**]148) to knowing the material and may be of no help when you have to come [**on / up**]149) with an answer on the exam. In fact, familiarity can often lead to errors on multiple-choice exams because you might pick a choice that looks familiar, only to find later **that** (어떤 that? ______________)150) it was something you had read, but it wasn't really the best answer to the question.

자료의 내용은 알지 못할 때 조차도, 학생들이 알고 있다고 생각하는 주된 이유 중 하나는 친숙함을 이해하는 것으로 착각하기 때문이다. 그것이 작동하는 방식이 여기 있다: 당신은 읽을 때 아마도 (중요한 것을) 눈에 띄게 표시하면서, 그 장을 한 번 읽는다. 그러고 나서 나중에, 아마도 눈에 띄게 표시된 자료에 집중하면서, 그 장을 다시 읽는다. 그것을 거듭 읽어서, 이전에 읽은 것으로부터 그것을 기억하기 때문에 소재가 친숙하고, 이러한 친숙함으로 인해 "좋아, 그것을 알겠어."라고 생각하게 될지도 모른다. 문제는 이런 친숙한 느낌이 반드시 자료를 아는 것과 같은 것은 아니며 시험에서 답을 생각해내야 할 때 아무런 도움이 되지 않을 수도 있다는 점이다. 사실, 익숙해 보이는 선택지를 선택할 수 있기 때문에 친숙함은 종종 선다형 시험에서 오류를 일으킬 수 있는데, 결국 나중에 알게 된 것은 당신이 읽었던 것인데, 하지만 사실 그 질문에 대한 가장 좋은 해답은 아니었다는 것이다.

35 무관

[**Giving / Given**]151) the widespread use of emoticons in electronic communication, an important question is [**whether / rather**]152) they help Internet users **to (생략 가능? ______________)**153) understand emotions in online communication. Emoticons, particularly character-based ones, are much more ambiguous relative to face-to-face cues and may end up being [**interpreted / integrated**]154) very [**differently / different**]155) by [**differently / different**]156) users. Nonetheless, research indicates that they are [**useful / useless**]157) tools in online text-based communication. One study of 137 instant messaging users revealed that emoticons [**allowed / allowing**]158) users to correctly understand the level and direction of emotion, attitude, and attention expression and that emoticons were a definite [**advantage / disadvantage**]159) in non-verbal communication. [**In contrast / Similarly**]160) , another study showed that emoticons were useful in strengthening the intensity of a verbal message, as well as in the expression of sarcasm.

전자 통신에서 이모티콘이 널리 사용되고 있다는 점을 고려할 때, 중요한 문제는 인터넷 사용자들이 온라인상의 의사소통에서 감정을 이해하는데 그것들이 도움을 주는가의 여부이다. 이모티콘, 특히 문자에 기반한 것들은, 면대면을 통한 단서에 비해 훨씬 더 모호하며 결국 다른 사용자들에 의해 매우 다르게 해석될 수 있다. 그럼에도 불구하고, 연구는 그것들이 온라인상의 텍스트 기반 의사소통에서 유용한 도구라는 것을 보여준다. 137명의 인스턴트 메시지(실시간 텍스트 통신) 사용자들을 대상으로 한 연구는 이모티콘이 사용자들로 하여금 감정, 태도, 주의력 표현의 정도와 방향을 정확하게 이해할 수 있게 해주고 이모티콘이 비언어적 의사소통에서 확실한 장점이라는 것을 밝혀냈다. (사실, 언어적 의사소통과 비언어적 의사소통 간의 관계에 관한 연구는 거의 없었다.) 마찬가지로, 또 다른 연구는 이모티콘이 풍자의 표현에서 뿐만 아니라, 언어적 메시지의 강도를 강화하는 데 유용하다는 것을 보여주었다.

---

36 순서

Students work to get good grades [**despite / even**]161) when they have no interest in their studies. People seek job advancement [**even / despite**]162) when they are happy [**with / at**]163) the jobs they already have. It's like being in a [**crowd / crowded**]164) football stadium, watching the [**crucial / minor**]165) play. A spectator several rows in front [**stand / stands**]166) up to get a better view, and a chain reaction follows. Soon everyone is standing, just to be able to see as well as before. Everyone is on their feet [**whether / rather**]167) than sitting, but no one's position has improved. And **(배열: refuses / all / not / as / to / well / stand, / game / he / the / just / at / someone / might / be / if / at)** ______________________________ ______________________________168). When people pursue goods that are [**positions / positional**]169) , they can't help being in the rat race. To choose not to run is to [**lose / loose**]170) .

학생들은 공부에 관심이 없을 때에도 좋은 성적을 얻기 위해 공부한다. 사람들은 심지어 이미 가지고 있는 직업에 행복할 때조차도 더 나은 직업을 추구한다. 그것은 마치 사람들로 붐비는 축구 경기장에서 중요한 경기를 관람하는 것과 같다. 몇 줄 앞에 있는 한 관중이 더 잘 보기 위해 일어서고, 뒤이어 연쇄 반응이 일어난다. 단지 이전처럼 잘 보기 위해 곧 모든 사람들이 일어서게 된다. 모두가 앉기보다는 일어서지만, 그 누구의 위치도 나아지지 않았다. 그리고 만약 누군가가 일어서기를 거부한다면, 그는 경기에 있지 않는 것이 나을 것이다. 사람들이 위치에 관련된 재화(이익)를 추구할 때, 그들은 치열하고 무의미한 경쟁을 하지 않을 수 없다. 뛰지 않기로 선택하는 것은 지는 것이다.

37 순서

When we compare human and animal desire we find many extraordinary differences. Animals tend to eat with their stomachs, and humans with their brains. When animals' stomachs are full, they stop eating, but humans are never [**sure / assure**]171) when to stop. When they have eaten as much as their bellies can take, they still feel empty, they still feel an [**surge / urge**]172) for [**farther / further**]173) gratification. This is largely due [**on / to**]174) anxiety, to the knowledge that a constant supply of food is [**uncertain / certain**]175) . Therefore, they eat as much as [**possible / impossible**]176) while they can. It is due, also, [**to / on**]177) the knowledge that, in an [**secure / insecure**]178) world, pleasure is uncertain. Therefore, the immediate pleasure of eating must be exploited to the full, even though it does [**peace / violence**]179) to the [**digestive / digestion**]180) .

인간과 동물의 욕망을 비교할 때 우리는 많은 특별한 차이점을 발견한다. 동물은 위장으로, 사람은 뇌로 먹는 경향이 있다. 동물은 배가 부르면 먹는 것을 멈추지만, 인간은 언제 멈춰야 할지 결코 확신하지 못한다. 인간은 배에 담을 수 있는 만큼 먹었을 때, 그들은 여전히 허전함을 느끼고 추가적인 만족감에 대한 충동을 느낀다. 이것은 주로 지속적인 식량 공급이 불확실하다는 인식에 따른 불안감 때문이다. 그러므로 그들은 먹을 수 있을 때 가능한 한 최대로 많이 먹는다. 또한, 그것은 불안정한 세상에서 즐거움이 불확실하다는 인식 때문이다. 따라서 즉각적인 먹는 즐거움은 소화에 무리가 되더라도 충분히 이용하여야 한다.

---

38 삽입

Currently, we cannot send humans to other planets. One obstacle is **that** (어떤 that? ___________)181) such a trip would take years. A spacecraft would need to carry enough air, water, and other supplies [**needed / need**]182) for [**survivor / survival**]183) on the long journey. Another obstacle is the harsh conditions on other planets, such as extreme heat and cold. Some planets do not even have surfaces to land [**to / on**]184) . Because of these obstacles, most research missions in space are [**accomplished / complete**]185) through the use of spacecraft [**with / without**]186) crews aboard. These explorations pose [**x / no**]187) risk to human life and are [**less / more**]188) expensive than ones [**involved / involving**]189) astronauts. The spacecraft carry instruments that test the compositions and [**characteristics / character**]190) of planets.

　현재, 우리는 인간을 다른 행성으로 보낼 수 없다. 한 가지 장애물은 그러한 여행이 수 년이 걸릴 것이라는 점이다. 우주선은 긴 여행에서 생존에 필요한 충분한 공기, 물, 그리고 다른 물자를 운반할 필요가 있을 것이다. 또 다른 장애물은 극심한 열과 추위 같은, 다른 행성들의 혹독한 기상 조건이다. 어떤 행성들은 착륙할 표면조차 가지고 있지 않다. 이러한 장애물들 때문에, 우주에서의 대부분의 연구 임무는 승무원이 탑승하지 않은 우주선을 사용해서 이루어진다. 이런 탐험들은 인간의 생명에 아무런 위험도 주지 않으며 우주 비행사들을 포함하는 탐험보다 비용이 덜 든다. 이 우주선은 행성의 구성 성분과 특성을 실험하는 기구들을 운반한다.

39 삽입

Our brains are **[constantly / continued]**191) solving problems. Every time we learn, or remember, or make sense of something, we solve a problem. Some **[psychologists / psychology]**192) have characterized all infant language-learning as problem-solving, extending to children such scientific procedures as "learning by experiment," or "hypothesis-testing." Grown-ups **[rarely / frequently]**193) explain the meaning of new words to children, let alone **[be / x]**194) how grammatical rules work . Instead **they** (무엇을 가리키는가? ________________)195) use the words or the rules in conversation and **[leave / leaves]**196) it to children to figure out what is going on. In order **[for / to]**197) learn language, an infant must make sense of the **[texts / contexts]**198) in which language occurs; problems must be **[solve / solved]**199) . We have all been solving problems of this kind since childhood, usually **[without / with]**200) awareness of what we are doing.

우리의 뇌는 끊임없이 문제를 해결하고 있다. 우리가 무언가를 배우거나, 기억하거나, 이해할 때마다, 우리는 문제를 해결한다. 일부 심리학자들은 모든 유아 언어 학습을 문제 해결이라고 규정하였고, 이를 어린이에게 확장하여 그러한 과학적 절차들을 "실험을 통한 학습" 혹은 "가설 검증"으로 보았다. 어른들은 아이들에게 문법적인 규칙이 어떻게 작용하는지는 말할 것도 없고, 새로운 단어의 의미를 거의 설명하지 않는다. 대신에 그들은 대화에서 단어나 규칙을 사용하고, 무슨 말인지 알아내는 일을 아이들에게 맡긴다. 언어를 배우려면, 유아는 언어를 사용하는 맥락을 파악해야 한다. 즉, 문제는 반드시 해결돼야 한다는 것이다. 우리 모두는 우리가 무엇을 하고 있는지에 대한 인식없이 어린 시절부터 이런 종류의 문제들을 해결해왔다.

---

40 요약

Have you **[notified / noticed]**201) that some coaches get the most out of their athletes while others don't? A **[poor / poorly]**202) coach will tell you what you did wrong and then tell you not to do it again: "Don't drop the ball!" What happens next? The images **(생략된 것? ______________)**203) you see in your head are images of you dropping the ball! Naturally, your mind recreates what it just "saw" based **[at / on]**204) what it's been told. **[Surprisingly / Not surprisingly]**205) , you walk on the court and drop the ball. What does the good coach do? **[He or she / They]**206) points out what could be **[improvement / improved]**207) , but will then tell you how you could or should perform: "I know you'll catch the ball **[perfect / perfectly]**208) this time." **[In Contrast / Sure enough]**209) , the next image in your mind is you catching the ball and scoring a goal. Once again, your mind makes your last thoughts part of reality — but this time, that "reality" is positive, **[not / yet]**210) negative.

어떤 코치들은 선수들에게서 최상의 결과를 이끌어 내는 반면 다른 코치들은 그렇지 않다는 것을 알아챘는가? 서투른 코치는 당신이 무엇을 잘못했는지 알려주고 나서 다시는 그러지 말라고 말할 것이다: "공을 떨어뜨리지 마라!" 그 다음엔 무슨 일이 일어날까? 당신이 머릿속에서 보게 되는 이미지는 당신이 공을 떨어뜨리는 이미지이다! 당연히, 당신의 마음은 그것이 들은 것을 바탕으로 방금 "본" 것을 재현한다. 놀랄 것도 없이, 당신은 코트에 걸어가서 공을 떨어뜨린다. 좋은 코치는 무엇을 하는가? 그 사람은 개선될 수 있는 것을 지적하지만, 그 후에 어떻게 할 수 있는지 또는 어떻게 해야 하는지에 대해 말할 것이다: "이번에는 네가 공을 완벽하게 잡을 거라는 걸 알아." 아니나 다를까, 다음으로 당신의 마음속에 떠오르는 이미지는 당신이 공을 '잡고' '득점하는' 것이다. 다시 한 번, 당신의 마음은 당신의 마지막 생각을 현실의 일부로 만들지만, 이번에는, 그 "현실"이 부정적이지 않고, 긍정적이다.

41~2 제목, 빈칸

Marketers have known for decades that you buy what you see first. You are far more likely to purchase items placed at eye level in the grocery store, for example, than items on the bottom shelf. There is an [**entirely** / **entire**]211) body of research about the way "product placement " in stores influences your buying behavior. This gives you a chance to use product placement to your [**disadvantage** / **advantage**]212) . Healthy items like produce are often the [**less** / **least**]213) visible foods at home. You won't think to eat what you don't see. This may be part of the reason [**x** / **why**]214) 85 percent of Americans do not eat enough fruits and vegetables.

If produce is [**hidden** / **hid**]215) in a drawer at the bottom of your refrigerator, these good foods are out of sight and mind. The same holds true for your pantry. I **used to** (해석? _____________)216) have a shelf lined with salty crackers and chips at eye level. When these were the first things I noticed, they were my [**secondary** / **primary**]217) snack foods. That same shelf is now filled with healthy snacks, which makes good decisions [**easy** / **hard**]218) . Foods that sit out on tables are even more critical. When you see food every time you walk by, you are likely to [**eat** / **avoid**]219) it. So to improve your choices, leave good foods like apples and pistachios sitting out [**as well as** / **instead of**]220) crackers and candy.

마케팅 담당자들은 당신이 먼저 보는 것을 산다는 것을 수십 년 동안 알고 있었다. 예를 들어, 아래쪽 선반에 있는 상품보다 식료품점의 눈높이에 있는 상품을 구매할 가능성이 훨씬 더 높다. 매장에서의 "제품 배치"가 구매 행동에 영향을 미치는 방식에 대한 매우 많은 연구가 있다. 이것은 당신에게 유리하게 제품 배치를 사용할 기회를 준다. 농산물과 같은 건강한 식품은 종종 집에서 가장 눈에 띄지 않는 음식이다. 당신은 보이지 않는 것을 먹으려고 생각하지 않을 것이다. 이것이 85%의 미국인들이 과일과 채소를 충분히 먹지 않는 이유 중 일부일 지도 모른다.
만약 농산물이 냉장고 밑의 서랍에 숨겨져 있으면, 이 좋은 음식들은 시야와 마음에서 벗어나 있다. 식료품 저장실에도 마찬가지다. 나는 눈높이에 짠 크래커와 칩이 줄지어 놓여 있는 선반을 가지고 있었다. 이것들이 먼저 내게 눈에 띄는 것이었을 때, 그것들이 나의 주된 간식이었다. 그 동일한 선반은 이제 건강에 좋은 간식으로 가득 차 있어, 좋은 결정을 내리기 쉽게 해준다. 식탁에 나와 있는 음식들은 훨씬 더 중요하다. 당신이 지나갈 때마다 음식을 보면, 당신은 그것을 집어 먹기 쉽다. 따라서 당신의 선택을 개선하기 위해, 크래커와 사탕 대신 사과와 피스타치오 같은 좋은 음식이 나와 있도록 해라.

Perfect

43~5 순서, 지칭, 일치

"Grandma," asked Amy, "are angels real?" "Some people say [**so / x**]221) ," said Grandmother. Amy told Grandmother that she had seen them in pictures. But she also wanted to know if her grandmother had ever actually [**saw / seen**]222) an angel. Her grandmother said she had, but they looked different than in pictures. "Then, I am going to find one!" said Amy. "That's good! But I will go with you, because you're too little," said Grandmother. Amy complained, "But you walk so slowly." "I can walk faster than you think!" Grandmother replied, with a smile.

So they started, Amy leaping and running. Then, she saw a horse coming [**towards / forwards**]223) them. On the horse [**sat / sitting**]224) a wonderful lady. When Amy saw her, the woman sparkled with jewels and gold, and her eyes were brighter than diamonds. "Are you an angel?" asked Amy. The lady gave no reply, but stared [**cold / coldly**]225) at her, leaving without saying a word.

"That was not an angel!" said Amy. "No, indeed!" said Grandmother. So Amy walked ahead again. Then, she met a beautiful woman who wore a dress as white as snow. "You must be an angel!" cried Amy. "You dear little girl, do I really look like an angel?" she asked. "You are an angel!" replied Amy. But suddenly the woman's face changed when Amy stepped on her dress [**on / by**]226) mistake. "Go away, and go back to your home!" she shouted.

As Amy stepped back from the woman, she stumbled and fell. She [**lay / laid**]227) in the dusty road and sobbed. "I am [**tired / tiring**]228) ! Will you take me home, Grandma?" she asked. "Sure! That is [**what / how**]229) I came for," Grandmother said in a warm voice. They started to walk along the road. Suddenly Amy looked up and said, "Grandma, you are not an angel, are you?" "Oh, honey," said Grandmother, "I'm not an angel." "Well, Grandma, you are an angel to me because you always stay **by (해석? ___________)**230) my side," said Amy.

"할머니, 정말 천사가 있어요?" Amy가 물었다. "몇몇 사람들은 그렇다고 하지," 할머니가 말했다. Amy는 할머니에게 그녀가 그림에서 천사들을 본 적이 있다고 말했다. 하지만 그녀는 또한 그녀의 할머니도 실제로 천사를 본 적이 있는지 알고 싶어 했다. 할머니는 천사를 본 적이 있다고 하였으나 그림에서 본 것과는 다르다고 했다. "그럼, 천사를 찾으러 가볼래요!" Amy가 말했다. "그거 좋네! 하지만 나는 너와 함께 가야겠어. 네가 너무 어리잖니." 할머니가 말했다. "하지만 할머니는 너무 늦게 걷잖아요." Amy가 불평했다. "할머니는 네가 생각하는 것보다 더 빨리 걸을 수 있어." 할머니가 미소를 지으며 대답했다. 그래서 그들은 길을 나섰고 Amy는 뛰어다녔다. 그때, 그녀가 그들 쪽으로 다가오는 말을 보았다. 그 말에는 멋진 여자가 타고 있었다. Amy가 그녀를 보았을 때 그녀는 보석과 황금으로 반짝이고 있었고, 그녀의 눈은 다이아몬드보다 더욱 더 밝게 빛났다. "당신은 천사인가요?" Amy가 물었다. 그 여자는 대답하지 않고 그녀를 차갑게 바라보며 아무런 말없이 자리를 떠났다.   "저 사람은 천사가 아니야!" Amy가 말했다. "그래 네 말이 맞아." 할머니가 말했다. 그래서 Amy는 다시 앞장서서 길을 걷기 시작했다. 그때, 그녀는 눈처럼 하얀 드레스를 입은 한 아름다운 여자를 만났다. "당신은 천사가 틀림없어요!" Amy가 외쳤다. "귀여운 아가씨, 내가 정말 천사처럼 보여?" 그녀가 물었다. "당신은 천사에요!" Amy가 말했다. 하지만 Amy가 실수로 그녀의 드레스를 밟았을 때 갑자기 그녀의 얼굴이 돌변했다. "저리 비켜. 집에나 가!", 그녀가 외쳤다.   Amy가 그녀로부터 뒤로 물러나며 비틀거리다 바닥으로 넘어졌다. 그녀는 더러운 길가에 넘어졌고 울음을 터뜨렸다. "난 지쳤어요! 할머니 저를 집으로 좀 데려다 주세요." "물론이지! 그래서 내가 여기 있는 거잖니." 할머니가 따뜻한 목소리로 말했다. 그들은 길을 따라 걷기 시작했다. 갑자기 그녀가 고개를 들어 말했다. "할머니, 혹시 할머니가 천사일까요?" "오, 아가, 난 천사가 아니야." "음, 할머니, 당신은 저에게 천사가 맞아요. 왜냐면 항상 제 곁에 있어 주시니까요."라고 Amy가 말했다.

2020 고1 6월 모의고사

❶ voca ❷ text ❸ [/] ❹ ____ ❺ quiz 1 ❻ quiz 2 ❼ quiz 3 ❽ quiz 4 ❻ quiz 5

18 목적   ❷ 회차   점 / 230점

Dear Mr. Anderson

On [**behalf / half**]1) of Jeperson High School, I am writing this letter to request [**permit / permission**]2) to [**conduct / product**]3) an industrial field trip in your factory. We hope to give some [**practical / impractical**]4) education to our students in [**disregard / regard**]5) to industrial procedures. With this purpose [**in / to**]6) mind, we believe your firm is [**idea / ideal**]7) to carry out such a project. **But (=Y________)**8) of course, we need your [**blessing / bless**]9) and support. 35 students would be [**accompanied / accompany**]10) by two teachers. And we would just need a day for the trip. I would really appreciate your cooperation.

Sincerely, Mr. Ray Feynman

---

19 심경

Erda [**lay / lied**]11) on her back in a clearing, [**watch / watching**]12) drops of sunlight slide through the mosaic of leaves above her. She joined them for a little, **moving (동명사? 현재분사? ___________)**13) with the gentle [**breath / breeze**]14) , feeling the warm sun [**feed / fed**]15) her. A [**slightly / slight**]16) smile was spreading over her face. She slowly turned over and [**pulled / pushed**]17) her face into the grass, smelling the green [**pleasant / pleased**]18) scent from the fresh wild flowers. Free from her daily burden, she got [**to / at**]19) her feet and went on. Erda walked between the warm trunks of the trees. She felt all her concerns had [**gone / went**]20) away.

20 주장

The dish you start [**with / to**]21) serves as an anchor food for your entire meal. [**Experiments / Experts**]22) show that people eat [**rarely / nearly**]23) 50 percent greater [**quality / quantity**]24) of the food they eat first. If you start with a dinner roll, you will eat more starches, less protein, and fewer vegetables. Eat the healthiest food on your plate first. As age-old wisdom [**suggest / suggests**]25), this usually means starting [**to / with**]26) your vegetables or salad. **If** (어떤 절을 이끄는 접속사? _____________)27) you are going to eat something [**unhealthy / healthy**]28), at least save it [**for / at**]29) last. This will give your body the opportunity to fill up on better options [**before / after**]30) you move on to starches or sugary desserts.

---

21 의미

Authentic, effective body language is more than the sum of individual signals. When people work from this rote-memory, dictionary **approach** (품사? _____________)31), they stop [**seeing / to see**]32) the bigger picture, all the diverse aspects of social perception. Instead, they see a person with [**crossed / cross**]33) arms and think, " [**Reserved / Reserve**]34), angry." They see a smile and think, "Happy." They use a firm handshake to show other people "who is boss." Trying to use body language by reading a body language dictionary is like [**try / trying**]35) to speak French by [**read / reading**]36) a French dictionary. Things tend to fall apart in an inauthentic mess. Your actions seem [**robotic / natural**]37) ; your body language signals are disconnected from one [**the other / another**]38) . You end [**up / to**]39) confusing the very people you're trying to attract because your body language just [**rings / ring**]40) false.

---

22 요지

A goal-oriented mind-set can create a "yo-yo" effect. Many runners work hard for months, but as soon as they cross the finish line, they stop [**training / to train**]41) . The race is no longer there to motivate them. When all of your hard work is [**focus / focused**]42) on a particular goal, what is left to push you [**toward / forward**]43) after you achieve it? **This is why** (뒤에 나오는 내용은 원인? 결과? _____________)44) many people find themselves [**returning / return**]45) to their old habits after accomplishing a goal. The purpose of setting goals is [**to / x**]46) win the game. The purpose of building systems is to continue [**playing / play**]47) the game. True long-term thinking is goal-less thinking. It's not about any single accomplishment. It is about the cycle of [**endless / ending**]48) refinement and [**continuous / continue**]49) improvement. Ultimately, it is your [**indecisiveness / commitment**]50) to the process that will determine your progress.

23 주제

Like anything else involving effort, [**passion / compassion**]51) takes practice. We have to work at getting into the habit of [**standing / stand**]52) with others in [**their / his or her**]53) time of need. Sometimes offering help is a simple matter that [**do / does**]54) not take us far out of our way — remembering to speak a kind word to someone who is down, or spending an occasional Saturday morning [**volunteering / volunteer**]55) for a favorite cause. At other times, **helping** (동명사? 현재분사? ______________)56) involves some real sacrifice . "A bone to the dog is not charity," Jack London observed. "Charity is the bone shared with the dog, when you are just as hungry as the dog." If we practice [**taking / takes**]57) the many small opportunities to help others, we'll be [**in / by**]58) shape to act when those times [**requiring / require**]59) real, hard sacrifice [**comes / come**]60) along.

---

24 제목

Every event that [**cause / causes**] you to smile [**make / makes**]61) you feel happy and produces feel-good chemicals in your brain. Force your face to smile even when you are [**stressed / stress**]62) or feel unhappy. The facial muscular pattern produced by the smile [**are / is**]63) linked to all the "happy networks" in your brain and will [**in / at**]64) turn naturally calm you down and change your brain chemistry by releasing the same feel-good chemicals. Researchers studied the [**effects / affect**]65) of a genuine and [**forced / force**]66) smile on individuals during a stressful event. The researchers had [**participants / participations**]67) perform stressful tasks [**during / while**]68) not smiling, smiling, or holding chopsticks crossways in their mouths (to force the face to form a smile). The results of the study showed **that** (어떤 that? ______________)69) smiling, forced or genuine, [**during / while**]70) stressful events reduced the intensity of the stress response in the body and lowered heart rate levels after recovering from the stress.

Perfect

25 도표

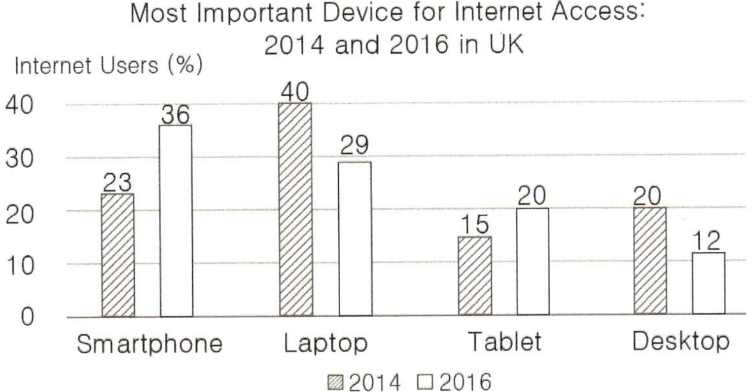

The above graph shows [**what / how**]71) devices British people considered the most important when [**connecting / connection**]72) to the Internet in 2014 and 2016. [**Less / More**]73) than a third of UK Internet users considered smartphones to [**be / x**]74) their most important device for accessing the Internet in 2016. In the same year, the smartphone [**overtook / fell behind**]75) the laptop as the most important device for Internet access. In 2014, UK Internet users were the [**most / least**]76) likely to select a tablet as their most important device for Internet access. In contrast, they were the least likely to consider a desktop as their most [**unimportant / important**]77) device for Internet access in 2016. The proportion of UK Internet users who selected a desktop as their most important device for Internet access [**decreased / increased**]78) **by** (해석? ____________)79) [**one third / half**]80) from 2014 to 2016.

---

26 일치

Sigrid Undset was born on May 20, 1882, in Kalundborg, Denmark. She was the [**eldest / oldest**]81) of three daughters. She moved to Norway at the age of two. Her early life was [**strong / strongly**]82) influenced by her father's historical [**acknowledge / knowledge**]83) . At the age of sixteen, she got a job at an [**engineering / engineer**]84) company to support her family. She read a lot, [**acquiring / requiring**]85) a good knowledge of Nordic as well as foreign literature, English in [**particularly / particular**]86) . She wrote thirty six books. None of her books leaves the reader [**unconcerned / concerned**]87) . She received the Nobel Prize for Literature in 1928. One of her novels has been translated [**to / into**]88) more than eighty languages. She escaped Norway during the German [**occupation / occupy**]89) , but she returned after the end of World War Ⅱ.

29 어법

Positively or negatively , our parents and families are powerful influences on us. But even stronger, especially when we're young, **[are / is]**90) (이 동사의 주어는? ____________)91) our friends. We often choose friends as a way of expanding our sense of **[identity / identification]**92) **[behind / beyond]**93) our families. As a result, the pressure to **[confirm / conform]**94) to the standards and expectations of friends and other social groups is **[likely / liked]**95) to be intense. Judith Rich Harris, who is a developmental psychologist, **[argues / arguing]**96) that three main forces shape our development: personal temperament, our parents, and our peers. The influence of peers, she argues, **[x / is]**97) much stronger than **[which / that]**98) of parents. "The world that children share with their peers," she says, "**[are / is]**99) what shapes their behavior and modifies the characteristics (생략된 것? ____________)100) they were born with, and hence determines the sort of people they will be when they grow up."

---

30 어휘

The brain makes **[up / in]**101) just two percent of our body weight but uses 20 percent of our energy. In newborns, it's no less than 65 percent. That's **[partial / partly]**102) why babies sleep all the time — their growing brains **[exhaust / excite]**103) them — and **[have / has]**104) a lot of body fat, to use as an energy reserve when **[needed / need]**105) . Our muscles use even more of our energy, about a quarter of the total, but we have a lot of muscle. Actually, per unit of matter, the brain uses **[as / by]**106) far more energy than our other organs. That means **that** (어떤 that? ____________)107) the brain is the most expensive of our organs. But **[they are / it is]**108) also marvelously **[efficient / effective]**109) . Our brains require only about four hundred calories of energy a day — about the same as we get from a blueberry muffin. Try running your laptop **[for / while]**110) twenty-four hours on a muffin and see how far you get.

---

31 빈칸

When reading another scientist's findings, think critically about the experiment. Ask yourself: Were observations recorded during or after the experiment? Do the conclusions make sense? Can the results be **[repeated / repeating]**111)? Are the sources of information **[relying / reliable]**112) ? You should also ask if the scientist or

Perfect

group conducting the experiment was [**unbiased / biased**]113) . Being [**unbiased / biased**]114) means that

you have no special interest in the outcome of the experiment. For example, if a drug company pays for an

experiment to test how well one of its new products works, there is a special interest [**involved / involve**]115)

: The drug company profits if the experiment shows that [**its / their**]116) product is [**effective / affective**]117)

. Therefore, the experimenters aren't [**objective / object**]118) . They might ensure (생략된 것? ______________)119)

the conclusion is positive and [**benefit / benefits**]120) the drug company. When assessing results, think about

any biases that may be present!

---

32 빈칸

Humans are champion long-distance runners. As soon as a person and a chimp start running they both get

hot. Chimps quickly [**overheat / overheated**]121) ; humans do not, because they are much better at [

shedding / keeping]122) body heat. [**According / Based**]123) to one leading theory, ancestral humans lost their

hair over [**successive / successful**]124) generations because [**more / less**]125) hair meant cooler, more [

affective / effective]126) long-distance running. **That** (어떤 that? ____________)127) ability let our ancestors

outmaneuver and outrun [**prey / pray**]128) . Try wearing a couple of extra jackets — or better yet, fur coats

— on a hot humid day and run a mile. Now, take those jackets off and try it again. You'll see what a

difference a [**lack / sufficiency**]129) of fur [**make / makes**]130) .

---

33 빈칸

Recently I was with a client who had spent almost five hours with me. As we were [**apart / parting**]131) for

the evening, we reflected [**on / at**]132) what we had covered that day. [**Despite / Even though**]133) our

conversation was very collegial, I [**noticed / notified**]134) that my client was holding one leg at a right angle

to his body, [**seemingly / seem**]135) wanting to take off on its own. At that point I said, "You really do have

to leave now, don't you?" "Yes," he [**refused / admitted**]136) . "I am so sorry. I didn't want to be rude but I

have to call London and I only have five minutes!" Here was a case **where** (어떤 절을 이끄는 접속사?

____________)137) my client's language and most of his body revealed [**nothing / anything**]138) but positive

feelings. His feet, [**however / thus**]139) , were the most honest communicators, and they clearly told me that

as much as he wanted to stay, duty was [**called / calling**]140) .

34 빈칸

One of the main reasons that students may think they know the material, even when they don't, [**is / are**]141) that they mistake [**familiarity / familiar**]142) for understanding. Here is how it works: You read the chapter once, perhaps [**to highlight / highlighting**]143) as you go. Then later, you read the chapter again, perhaps [**focusing / to focus**]144) on the [**hightlighting / highlighted**]145) material. As you read it over, the material is familiar because you remember it from before, and this familiarity might [**lead / leads**]146) you to think, "Okay, I know that." The problem is that this feeling of familiarity is not [**necessarily / necessary**]147) [**unequivalent / equivalent**]148) to knowing the material and may be of no help when you have to come [**on / up**]149) with an answer on the exam. In fact, familiarity can often lead to errors on multiple-choice exams because you might pick a choice that looks familiar, only to find later **that** (어떤 that? ______________)150) it was something you had read, but it wasn't really the best answer to the question.

---

35 무관

[**Giving / Given**]151) the widespread use of emoticons in electronic communication, an important question is [**whether / rather**]152) they help Internet users **to** (생략 가능? ______________)153) understand emotions in online communication. Emoticons, particularly character-based ones, are much more ambiguous relative to face-to-face cues and may end up being [**interpreted / integrated**]154) very [**differently / different**]155) by [**differently / different**]156) users. Nonetheless, research indicates that they are [**useful / useless**]157) tools in online text-based communication. One study of 137 instant messaging users revealed that emoticons [**allowed / allowing**]158) users to correctly understand the level and direction of emotion, attitude, and attention expression and that emoticons were a definite [**advantage / disadvantage**]159) in non-verbal communication. [**In contrast / Similarly**]160) , another study showed that emoticons were useful in strengthening the intensity of a verbal message, as well as in the expression of sarcasm.

---

36 순서

Students work to get good grades [**despite / even**]161) when they have no interest in their studies. People seek job advancement [**even / despite**]162) when they are happy [**with / at**]163) the jobs they already have.

Perfect

It's like being in a [**crowd / crowded**]164) football stadium, watching the [**crucial / minor**]165) play. A spectator several rows in front [**stand / stands**]166) up to get a better view, and a chain reaction follows. Soon everyone is standing, just to be able to see as well as before. Everyone is on their feet [**whether / rather**]167) than sitting, but no one's position has improved. And (배열: refuses / all / not / as / to / well / stand, / game / he / the / just / at / someone / might / be / if / at) __________________________________

__________________________ 168). When people pursue goods that are [**positions / positional**]169) , they can't help being in the rat race. To choose not to run is to [**lose / loose**]170) .

---

37 순서

When we compare human and animal desire we find many extraordinary differences. Animals tend to eat with their stomachs, and humans with their brains. When animals' stomachs are full, they stop eating, but humans are never [**sure / assure**]171) when to stop. When they have eaten as much as their bellies can take, they still feel empty, they still feel an [**surge / urge**]172) for [**farther / further**]173) gratification. This is largely due [**on / to**]174) anxiety, to the knowledge that a constant supply of food is [**uncertain / certain**]175) . Therefore, they eat as much as [**possible / impossible**]176) while they can. It is due, also, [**to / on**]177) the knowledge that, in an [**secure / insecure**]178) world, pleasure is uncertain. Therefore, the immediate pleasure of eating must be exploited to the full, even though it does [**peace / violence**]179) to the [**digestive / digestion**]180) .

---

38 삽입

Currently, we cannot send humans to other planets. One obstacle is **that** (어떤 that? ____________)181) such a trip would take years. A spacecraft would need to carry enough air, water, and other supplies [**needed / need**]182) for [**survivor / survival**]183) on the long journey. Another obstacle is the harsh conditions on other planets, such as extreme heat and cold. Some planets do not even have surfaces to land [**to / on**]184) . Because of these obstacles, most research missions in space are [**accomplished / complete**]185) through the use of spacecraft [**with / without**]186) crews aboard. These explorations pose [**x / no**]187) risk to human life and are [**less / more**]188) expensive than ones [**involved / involving**]189) astronauts. The spacecraft carry instruments that test the compositions and [**characteristics / character**]190) of planets.

39 삽입

Our brains are [**constantly / continued**]191) solving problems. Every time we learn, or remember, or make sense of something, we solve a problem. Some [**psychologists / psychology**]192) have characterized all infant language-learning as problem-solving, extending to children such scientific procedures as "learning by experiment," or "hypothesis-testing." Grown-ups [**rarely / frequently**]193) explain the meaning of new words to children, let alone [**be / x**]194) how grammatical rules work . Instead **they** (무엇을 가리키는가? _______________)195) use the words or the rules in conversation and [**leave / leaves**]196) it to children to figure out what is going on. In order [**for / to**]197) learn language, an infant must make sense of the [**texts / contexts**]198) in which language occurs; problems must be [**solve / solved**]199) . We have all been solving problems of this kind since childhood, usually [**without / with**]200) awareness of what we are doing.

40 요약

Have you [**notified / noticed**]201) that some coaches get the most out of their athletes while others don't? A [**poor / poorly**]202) coach will tell you what you did wrong and then tell you not to do it again: "Don't drop the ball!" What happens next? The images (생략된 것? _______________)203) you see in your head are images of you dropping the ball! Naturally, your mind recreates what it just "saw" based [**at / on**]204) what it's been told. [**Surprisingly / Not surprisingly**]205) , you walk on the court and drop the ball. What does the good coach do? [**He or she / They**]206) points out what could be [**improvement / improved**]207) , but will then tell you how you could or should perform: "I know you'll catch the ball [**perfect / perfectly**]208) this time." [**In Contrast / Sure enough**]209) , the next image in your mind is you catching the ball and scoring a goal. Once again, your mind makes your last thoughts part of reality — but this time, that "reality" is positive, [**not / yet**]210) negative.

41~2 제목, 빈칸

 Marketers have known for decades that you buy what you see first. You are far more likely to purchase items placed at eye level in the grocery store, for example, than items on the bottom shelf. There is an [**entirely / entire**]211) body of research about the way "product placement " in stores influences your buying behavior. This gives you a chance to use product placement to your [**disadvantage / advantage**]212) . Healthy items like produce are often the [**less / least**]213) visible foods at home. You won't think to eat what you don't see. This may be part of the reason [**x / why**]214) 85 percent of Americans do not eat enough fruits and vegetables.

If produce is [**hidden / hid**]215) in a drawer at the bottom of your refrigerator, these good foods are out of sight and mind. The same holds true for your pantry. I **used to (해석? _____________)**216) have a shelf lined with salty crackers and chips at eye level. When these were the first things I noticed, they were my [**secondary / primary**]217) snack foods. That same shelf is now filled with healthy snacks, which makes good decisions [**easy / hard**]218) . Foods that sit out on tables are even more critical. When you see food every time you walk by, you are likely to [**eat / avoid**]219) it. So to improve your choices, leave good foods like apples and pistachios sitting out [**as well as / instead of**]220) crackers and candy.

43~5 순서, 지칭, 일치

"Grandma," asked Amy, "are angels real?" "Some people say [**so / x**]221) ," said Grandmother. Amy told Grandmother that she had seen them in pictures. But she also wanted to know if her grandmother had ever actually [**saw / seen**]222) an angel. Her grandmother said she had, but they looked different than in pictures. "Then, I am going to find one!" said Amy. "That's good! But I will go with you, because you're too little," said Grandmother. Amy complained, "But you walk so slowly." "I can walk faster than you think!" Grandmother replied, with a smile.

So they started, Amy leaping and running. Then, she saw a horse coming [**towards / forwards**]223) them. On the horse [**sat / sitting**]224) a wonderful lady. When Amy saw her, the woman sparkled with jewels and gold, and her eyes were brighter than diamonds. "Are you an angel?" asked Amy. The lady gave no reply, but stared [**cold / coldly**]225) at her, leaving without saying a word.

"That was not an angel!" said Amy. "No, indeed!" said Grandmother. So Amy walked ahead again. Then, she met a beautiful woman who wore a dress as white as snow. "You must be an angel!" cried Amy. "You dear little girl, do I really look like an angel?" she asked. "You are an angel!" replied Amy. But suddenly the woman's face changed when Amy stepped on her dress [**on / by**]226) mistake. "Go away, and go back to your home!" she shouted.

As Amy stepped back from the woman, she stumbled and fell. She [**lay / laid**]227) in the dusty road and sobbed. "I am [**tired / tiring**]228) ! Will you take me home, Grandma?" she asked. "Sure! That is [**what / how**]229) I came for," Grandmother said in a warm voice. They started to walk along the road. Suddenly Amy looked up and said, "Grandma, you are not an angel, are you?" "Oh, honey," said Grandmother, "I'm not an angel." "Well, Grandma, you are an angel to me because you always stay **by (해석? _____________)**230) my side," said Amy.

2020 고1 11월 모의고사 WORKBOOK

❶ voca ❷ text ❸ [/] ❹ _____ ❺ quiz 1 ❻ quiz 2 ❼ quiz 3 ❽ quiz 4 ❻ quiz 5

18 목적

❶ 회차   /230점

Dear Mr. Anderson

On b___________1) of Jeperson High School, I am writing this letter to r___________2) p___________3) to conduct an i___________4) field trip in your factory. We hope to give some p___________5) education to our students in r___________6) to industrial procedures. With this purpose in mind, we believe your f___________7) is ideal to carry out such a project. But of course, we need your blessing and support. 35 students would be a___________8) by two teachers. And we would just need a day for the trip. I would really appreciate your c___________9).

Sincerely, Mr. Ray Feynman

Anderson씨에게 Jeperson 고등학교를 대표해서, 저는 귀 공장에서 산업 현장견학을 할 수 있도록 허가를 요청하기 위해 이 편지를 쓰고 있습니다. 저희는 학생들에게 산업 절차와 관련해 몇 가지 실제적인 교육을 하기를 희망합니다. 이러한 목적을 생각할 때, 저희는 그러한 프로젝트를 진행하기 위해 귀사가 이상적이라고 믿습니다. 물론, 저희는 귀사의 승인과 협조가 필요합니다. 두 명의 선생님이 35명의 학생들과 동행할 것입니다. 저희는 이 현장 견학을 위해 단 하루를 예정하고 있습니다. 협조해주시면 정말 감사하겠습니다.

19 심경

Erda l___________10) on her back in a clearing, watching drops of sunlight slide through the mosaic of leaves above her. She joined them for a little, moving with the gentle b___________11) , feeling the warm sun f___________12) her. A slight smile was s___________13) over her face. She slowly turned over and pushed her face into the grass, smelling the green pleasant s___________14) from the fresh wild flowers. F___________15) from her daily b___________16) , she got to her feet and went on. Erda walked between the warm trunks of the trees. She felt all her c___________17) had g___________ a___________18) .

Erda는 개간지에 드러누워 그녀 위쪽의 모자이크 모양의 나뭇잎 사이로 부서진 햇살이 스며드는 것을 지켜보았다. 그녀는 따뜻한 태양이 자신에게 자양분을 주는 것을 느끼며, 미풍을 따라 움직이면서 그것들과 잠시 함께 했다. 그녀의 얼굴에 엷은 미소가 번지고 있었다. 그녀는 몸을 천천히 돌려 신선한 야생화로부터 풍겨오는 푸르고 쾌적한 향기를 맡으며 풀밭으로 얼굴을 내밀었다. 일상의 부담에서 벗어나 그녀는 일어서서 걸었다. Erda는 나무들의 따뜻한 기둥 사이를 걸었다. 그녀는 모든 걱정이 사라졌음을 느꼈다.

Perfect

20 주장

The dish you start with s____________19) as an anchor food for your e____________20) meal. E____________21) show that people eat nearly 50 percent greater q____________22) of the food they eat first. If you start with a dinner roll, you will eat more s____________23), less p____________24), and fewer v____________25) . Eat the healthiest food on your plate first. As age-old w____________26) suggests, this usually means starting with your vegetables or salad. If you are going to eat something unhealthy, at least s____________27) it for last. This will give your body the opportunity to fill up on better options before you move on to s____________28) or sugary desserts.

당신이 먼저 먹는 요리가 당신의 전체 식사에 닻을 내리는 음식의 역할을 한다. 실험은 사람들이 먼저 먹는 음식을 거의 50% 더 많이 먹는다는 것을 보여준다. 만약 당신이 디너 롤로 시작하면, 당신은 더 많은 녹말과 더 적은 단백질, 그리고 더 적은 채소를 먹을 것이다. 접시에 있는 가장 건강에 좋은 음식을 먼저 먹어라. 오래된 지혜에서 알 수 있듯이, 이것은 보통 채소나 샐러드를 먼저 먹는 것을 의미한다. 만약 당신이 건강에 좋지 않은 음식을 먹을 것이라면, 적어도 그것을 마지막 순서로 남겨둬라. 이것은 여러분이 녹말이나 설탕이 든 디저트로 이동하기 전에 당신의 몸을 더 나은 선택 사항들로 채울 기회를 줄 것이다.

---

21 의미

A____________29) , e____________ b____________ l____________30) is more than the sum of individual signals. When people work from this rote-memory, d____________31) approach, they stop seeing the bigger picture, all the diverse a____________32) of social p____________33). Instead, they see a person with crossed arms and think, "R____________34) , angry." They see a smile and think, "Happy." They use a firm handshake to show other people "who is boss." Trying to use body language by reading a body language dictionary is like trying to speak French by reading a French dictionary. Things tend to fall apart in an i____________35) mess. Your actions seem r____________36) ; your body language signals are disconnected from one another. You end up confusing the very people you're trying to a____________37) because your body language just rings false.

실효성 있는, 효과적인 몸짓 언어는 개별 전달 신호의 합계 이상이다. 사람들이 사전식 접근법과 같은 기계적 암기로부터 의사전달을 할 때, 그들은 더 큰 그림, 즉 사회적 인식의 모든 다양한 측면을 보지 못하게 된다. 대신, 그들은 팔짱을 낀 사람을 보고 "과묵하고, 화가 난" 것으로 생각한다. 그들은 미소를 보고 "행복한" 것으로 생각한다. 그들은 다른 사람들에게 "누가 윗사람인가"를 보여 주기 위해 세게 악수를 한다. 몸짓 언어 사전을 읽어서 몸짓 언어를 사용하려고 하는 것은 프랑스어 사전을 읽어서 프랑스어를 말하려고 하는 것과 같다. (의미 구성의) 요소들이 실효성 없는 상태로 분리되어 버리는 경향이 있다. 당신의 행동은 로봇처럼 어색해 보인다; 당신의 몸짓 언어 신호는 서로 단절된다. 당신의 몸짓 언어가 잘못 전달되었기 때문에 결국에는 당신이 마음을 끌려고 하는 사람들을 혼란스럽게 하는 결과를 초래한다.

22 요지

A g_____________ 38) m_____________ 39) can create a "yo-yo" effect. Many runners work hard for months, but as soon as they cross the f_____________ _____________ 40) , they stop training. The race is no longer there to m_____________ 41) them. When all of your hard work is focused on a particular goal, what is left to push you forward after you achieve it? This is why many people find themselves returning to their old h_____________ 42) after a_____________ 43) a goal. The purpose of setting goals is to win the game. The purpose of building systems is to continue playing the game. True l_____________ 44) thinking is g_____________ 45) thinking. It's not about any single accomplishment. It is about the cycle of endless r_____________ 46) and continuous i_____________ 47) . Ultimately, it is your c_____________ 48) to the p_____________ 49) that will determine your p_____________ 50) .

목표 지향적인 사고방식은 "요요" 효과를 낼 수 있다. 많은 달리기 선수들이 몇 달 동안 열심히 연습하지만, 결승선을 통과하는 순간 훈련을 중단한다. 그 경기는 더 이상 그들에게 동기를 주지 않는다. 당신이 애쓰는 모든 일이 특정한 목표에 집중될 때, 당신이 그것을 성취한 후에 당신을 앞으로 밀고 나갈 수 있는 것은 무엇인가? 이것이 많은 사람들이 목표를 성취한 후 옛 습관으로 되돌아가는 자신을 발견하는 이유다. 목표를 설정하는 목적은 경기에서 이기는 것이다. 시스템을 구축하는 목적은 게임을 계속하기 위한 것이다. 진정한 장기적 사고는 목표 지향적이지 않은 사고이다. 그것은 어떤 하나의 성취에 관한 것이 아니다. 그것은 끝없는 정제와 지속적인 개선의 순환에 관한 것이다. 궁극적으로, 당신의 발전을 결정짓는 것은 그 과정에 당신이 전념하는 것이다.

---

23 주제

Like anything else involving e_____________ 51) , c_____________ 52) takes practice. We have to work at getting into the habit of standing with others in their time of need. Sometimes offering help is a simple matter that does not take us far out of our way — remembering to speak a kind word to someone who is down, or spending an o_____________ 53) Saturday morning v_____________ 54) for a favorite c_____________ 55). At other times, helping involves some real s_____________ 56) . "A bone to the dog is not c_____________ 57)," Jack London observed. "C_____________ 58) is the bone shared with the dog, when you are just as hungry as the dog." If we practice taking the many small opportunities to help others, we'll be in s_____________ 59) to act when those times requiring real, hard s_____________ 60) come along.

노력과 관련된 다른 어떤 것과 마찬가지로, 연민은 연습이 필요하다. 우리는 곤경에 빠진 다른 사람들과 함께 하는 습관을 기르는 데 매진해야 한다. 때때로 도움을 주는 것은 우리의 일상에서 벗어나지 않는 단순한 일 — 낙담한 사람에게 친절한 말을 해 줄 것을 기억하거나 가끔 토요일 아침에 좋아하는 자원 봉사를 하는 것이다. 다른 때에는, 남을 돕는 것은 진정한 희생을 수반한다. Jack London은 "개에게 뼈를 주는 것은 자선이 아니다. 당신이 개만큼 배가 고플 때 개와 함께 나누는 그 뼈가 자선이다."라고 했다. 만약 우리가 다른 사람들을 돕기 위해 많은 작은 기회들을 가지는 연습을 하면, 우리는 진정한 힘든 희생이 필요한 시기가 올 때 행동할 준비가 될 것이다.

Perfect

24 제목

Every event that causes you to smile makes you feel happy and produces feel-good c______________ 61) in your brain. Force your face to smile even when you are stressed or feel unhappy. The f______________ 62) m______________ 63) p______________ 64) produced by the smile is linked to all the "happy networks" in your brain and will in turn naturally calm you down and change your brain chemistry by releasing the same feel-good chemicals. Researchers studied the effects of a g______________ 65) and forced smile on individuals during a stressful event. The r______________ 66) had p______________ 67) perform stressful tasks while not smiling, smiling, or holding chopsticks crossways in their mouths (to force the face to form a smile). The results of the study showed that smiling, f______________ 68) or g______________ 69) , during stressful events reduced the i______________ _70) of the stress response in the body and lowered heart rate levels after recovering from the stress.

여러분을 미소 짓게 만드는 온갖 사건들은 여러분이 행복감을 느끼게 하고, 여러분의 뇌에서 기분을 좋게 만들어주는 화학물질을 생산해내도록 한다. 심지어 스트레스를 받거나 불행하다고 느낄 때조차 미소를 지어보자. 미소에 의해 만들어지는 안면 근육의 형태는 뇌의 모든 "행복 연결망"과 연결되어 있고, 따라서 자연스럽게 여러분을 안정시키고 기분을 좋게 만들어주는 동일한 화학물질들을 배출함으로써 뇌의 화학 작용을 변화시킬 것이다. 연구자들은 스트레스가 상당한 상황에서 진정한 미소와 억지 미소가 개개인들에게 미치는 영향을 연구하였다. 연구자들은 참가자들이 미소 짓지 않거나, 미소 짓거나, (억지 미소를 짓게 하기 위해) 입에 젓가락을 옆으로 물고서 스트레스를 수반한 과업을 수행하도록 했다. 연구의 결과는 미소가, 억지이든 진정한 것이든, 스트레스가 상당한 상황에서 인체의 스트레스 반응의 강도를 줄였고, 스트레스로부터 회복한 후의 심장 박동률의 수준도 낮추었다는 것을 보여주었다.

25 도표

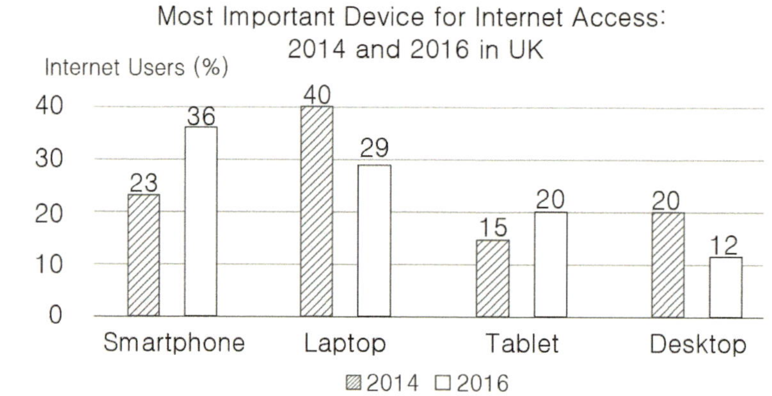

The above graph shows what d__________**71)** British people c___________**72)** the most important when connecting to the Internet in 2014 and 2016. More than a third of UK Internet users considered smartphones to be their most important device for a___________**73)** the Internet in 2016. In the same year, the smartphone o___________**74)** the laptop as the most important d___________**75)** for Internet access. In 2014, UK Internet users were the l___________**76)** likely to select a tablet as their most important device for Internet access. l_________ c___________**77)** , they were the least likely to consider a desktop as their most important device for Internet access in 2016. The p___________**78)** of UK Internet users who selected a desktop as their most important device for Internet access d__________ b__________ h___________**79)** from 2014 to 2016.

위 도표는 2014년과 2016년에 영국인들이 인터넷 접속을 할 때 어떤 장치들이 가장 중요하다고 생각했는지를 보여 준다. 2016년도에 3분의 1이 넘는 영국 인터넷 사용자들은 스마트폰을 가장 중요한 인터넷 접속 장치로 생각했다. 같은 해에, 스마트폰이 인터넷 접속을 위해 가장 중요한 장치로서 랩탑을 추월하였다. 2014년에, 영국 인터넷 사용자들은 인터넷 접속을 위한 가장 중요한 장치로 태블릿을 가장 적게 선택하는 경향이 있었다. 대조적으로, 2016년에는 인터넷 접속을 위한 가장 중요한 장치로 데스크탑을 가장 적게 선택하는 경향이 있었다. 인터넷 접속을 위한 가장 중요한 장치로 데스크탑을 선택한 영국 인터넷 사용자들의 비율은 2016년도에 2014년도 비율의 절반만큼 증가하였다 감소하였다

Perfect

26 일치

Sigrid Undset was born on May 20, 1882, in Kalundborg, Denmark. She was the e____________ 80) of three daughters. She moved to Norway at the age of two. Her e____________ 81) life was s____________ 82) i____________ 83) by her father's h____________ 84) knowledge. At the age of sixteen, she got a job at an engineering company to support her family. She read a lot, a____________ 85) a good knowledge of Nordic as well as foreign l____________ 86), English in particular. She wrote thirty six books. None of her books leaves the reader u____________ 87). She received the Nobel Prize for Literature in 1928. One of her novels has been t____________ 88) into more than eighty languages. She escaped Norway during the German o____________ 89), but she returned after the end of World War Ⅱ.

Sigrid Undset은 1882년 5월 20일 덴마크의 Kalundborg에서 태어났다. 그녀는 세 자매 중 첫째 딸이었다. 그녀는 2살에 노르웨이로 이주하였다. 그녀의 어린 시절은 아버지의 역사적 지식에 크게 영향을 받았다. 그녀는 16세에 가족을 부양하기 위해 기술 회사에 취업을 하였다. 그녀는 책을 많이 읽었고, 외국 문학, 특히 영국 문학 뿐만 아니라, 북유럽 문학에 관한 상당한 지식을 습득하였다. 그녀는 36권의 책을 집필하였다. 독자의 관심을 끌지 못한 책은 없다. 1928년에 그녀는 노벨 문학상을 수상하였다. 그녀의 소설 중 한 권은 80개 이상의 언어로 번역되었다. 그녀는 독일 점령 기간 중 노르웨이를 떠났으나, 2차 세계대전이 종료된 후 돌아왔다.

---

29 어법

Positively or negatively, our parents and families are powerful influences on us. But even stronger, especially when we're young, are our friends. We often choose friends as a way of expanding our sense of identity b____________ 90) our families. As a result, the pressure to c____________ 91) to the s____________ 92) and e____________ 93) of friends and other social groups is likely to be i____________ 94). Judith Rich Harris, who is a developmental psychologist, argues that three main forces s____________ 95) our development: personal t____________ 96), our parents, and our p____________ 97) . The influence of peers, she argues, is much s____________ 98) than that of parents. "The world that children share with their peers," she says, "is what shapes their behavior and m____________ 99) the c____________ 100) they were born with, and hence determines the sort of people they will be when they grow up."

긍정적이든 부정적이든, 우리의 부모와 가족은 우리에게 강력한 영향을 미친다. 하지만 특히 우리가 어렸을 때, 훨씬 더 강한 영향을 주는 것은 우리의 친구들이다. 가족의 범위를 넘어서 우리의 정체성을 확장하는 방법으로 우리는 친구들을 선택한다. 그 결과, 친구와 다른 사회 집단의 기준과 기대에 부합해야 한다는 압박감이 거세질 가능성이 있다. 발달 심리학자 Judith Rich Harris는 우리의 발달을 형성하는 세 가지 주요한 힘은: 개인적인 기질, 우리의 부모, 우리의 또래들이라고 주장한다. 또래들의 영향은 부모의 영향보다 훨씬 더 강하다고 그녀는 주장한다. "아이들이 그들의 또래들과 공유하는 세상은 그들의 행동을 형성하는 것이고, 그들이 가지고 태어난 특성을 수정하는 것이며, 따라서 그들이 자라서 어떤 사람이 될지를 결정하는 것이다."라고 그녀는 말한다.

30 어휘

The brain m___________ ___________101) just two percent of our body weight but uses 20 percent of our energy. In n___________102) , it's no less than 65 percent. That's partly why babies sleep all the time — their growing brains e___________103) them — and have a lot of body fat, to use as an energy r___________104) when needed. Our muscles use even more of our energy, about a q___________105) of the total, but we have a lot of muscle. Actually, per unit of matter, the brain uses by far more energy than our other o___________106) . That means that the brain is the most expensive of our organs. But it is also m___________107) e___________108). Our brains require only about four hundred calories of energy a day — about the same as we get from a blueberry muffin. Try r___________109) your laptop for twenty-four hours on a muffin and see how f___________110) you get.

뇌는 몸무게의 2 퍼센트만을 차지하지만 우리의 에너지의 20 퍼센트를 사용한다. 갓 태어난 아기의 경우, 그 비율은 65 퍼센트에 달한다. 그것은 부분적으로 아기들이 항상 잠을 자고 (뇌의 성장이 그들을 소진시키고), 체지방을 보유하는 이유인데, 필요할 때 보유한 에너지를 사용하기 위한 것이다. 근육은 약 4분의 1 정도로 훨씬 더 많은 에너지를 사용하기도 하지만, 많은 근육을 가지고 있기도 하다. 실제로, 물질 단위당, 뇌는 다른 기관보다 훨씬 많은 에너지를 사용한다. 그것은 우리 장기 중 뇌가 단연 가장 에너지 소모가 많다는 것을 의미한다. 하지만 그것은 또한 놀랍도록 효율적이다. 뇌는 하루에 약 400 칼로리의 에너지만 필요로 하는데, 블루베리 머핀에서 얻는 것과 거의 같다. 머핀으로 24시간 동안 노트북을 작동시켜서 얼마나 가는지 보라.

---

31 빈칸

When reading another scientist's findings, think c___________111) about the experiment. Ask yourself: Were o___________112) recorded during or after the experiment? Do the c___________113) make sense? Can the results be repeated? Are the sources of information reliable? You should also ask if the scientist or group conducting the experiment was u___________114). Being u___________115) means that you have no special i___________116) in the outcome of the experiment. For example, if a drug company pays for an experiment to test how well one of its new products works, there is a special interest involved: The drug company p___________117) if the experiment shows that its product is effective. Therefore, the experimenters aren't o___________118). They might ensure the conclusion is positive and benefits the drug company. When a___________119) results, think about any b___________120) that may be present!

다른 과학자의 실험 결과물을 읽을 때, 그 실험에 대해 비판적으로 생각하라. 당신 자신에게 물어라: 관찰들이 실험 도중에 혹은 후에 기록되었나? 결론이 합리적인가? 그 결과들은 반복될 수 있는가? 정보의 출처는 신뢰할만한가? 당신은 실험을 수행한 그 과학자나 그룹이 한쪽으로 치우치지 않았는지 역시 물어야 한다. 한쪽으로 치우치지 않음은 당신이 실험의 결과로 특별한 이익을 얻지 않는다는 것을 의미한다. 예를 들면, 만약 한 제약회사가 그 회사의 새로운 제품 중 하나가 얼마나 잘 작용하는지 시험해보기 위한 실험 비용을 지불한다면, 특별한 이익이 관련된 것이다: 만약 실험이 그 제품이 효과 있음을 보여준다면, 그 제약회사는 이익을 본다. 따라서, 그 실험자들은 객관적이지 않다. 그들은 결론이 제약 회사에 우호적이고 이익을 주도록 보장 할지도 모른다. 결과들을 평가할 때, 있을 수 있는 어떤 치우침에 대해 생각하라!

Perfect

32 빈칸

Humans are c____________ 121) l____________ 122) runners. As soon as a person and a chimp start running they both get hot. Chimps quickly o____________ 123); humans do not, because they are much better at s____________ 124) body heat . According to one leading theory, ancestral humans lost their hair over s____________ 125) g____________ 126) because less hair meant cooler, more effective long-distance running. That ability let our a____________ 127) outmaneuver and o____________ 128) p____________ 129). Try wearing a couple of extra jackets — or better yet, fur coats — on a hot h____________ 130) day and run a mile. Now, take those jackets off and try it again. You'll see what a difference a lack of fur makes.

인간들은 최고의 장거리 달리기 선수들이다. 한 사람과 침팬지가 달리기를 시작하자마자 그들은 둘 다 더위를 느낀다. 침팬지는 빠르게 체온이 오른다; 인간들은 그렇지 않은데, 그들은 신체 열을 떨어뜨리는 것을 훨씬 잘하기 때문이다. 유력한 한 이론에 따르면, 털이 더 적으면 더 시원하고 장거리 달리기에 더 효과적인 것을 의미하기 때문에 선조들은 잇따른 세대에 걸쳐서 털을 잃었다. 그런 능력은 우리 조상들이 먹잇감을 이기고 앞질러서 달리게 했다. 덥고 습한 날에 여분의 재킷 두 개를 —혹은 더 좋게는, 털 코트를 — 입는 것을 시도하고 1마일을 뛰어라. 이제, 그 재킷을 벗고 다시 시도하라. 당신은 털의 부족이 만드는 차이점이 무엇인지 알 것이다.

---

33 빈칸

Recently I was with a client who had spent almost five hours with me. As we were p____________ 131) for the evening, we reflected on what we had c____________ 132) that day. Even though our conversation was very c____________ 133), I noticed that my client was holding one leg at a right angle to his body, s____________ 134) wanting to take off on its own. At that point I said, "You really do have to leave now, don't you?" "Yes," he a____________ 135). "I am so sorry. I didn't want to be r____________ 136) but I have to call London and I only have five minutes!" Here was a case where my client's language and most of his body r____________ 137) nothing but positive feelings. His feet, however, were the most honest communicators, and they c____________ 138) told me that as much as he wanted to stay, d____________ 139) was c____________ 140) .

최근에 나는 나와 거의 5시간을 보낸 고객과 함께 있었다. 저녁을 위해 헤어지면서, 우리는 그날 다룬 내용을 되새겼다. 비록 우리의 대화가 매우 평등했음에도 불구하고, 나는 나의 고객이 한쪽 다리를 그의 몸에 직각으로 유지하고 있다는 것을 알아챘는데, 외견상 (한 쪽 다리가) 혼자서 급히 서둘러 떠나고 싶어 하는 것 같았다. 그 때 나는 "지금 정말 떠나야 하죠, 그렇지 않나요?"라고 말했다. "네."라고 그는 인정했다. "정말 미안합니다. 무례하게 굴고 싶지는 않았지만 런던에 전화해야 하는데 시간이 5분밖에 없어요!" 여기서 내 의뢰인의 언어와 그의 몸의 대부분은 긍정적인 감정만을 드러내고 있었다. 그러나 그의 발은 가장 정직한 의사 전달자였고 그것들은 그가 남아있고 싶은 만큼이나, 해야 할 일이 있어 떠나야 한다는 것을 분명히 나타냈다.

34 빈칸

One of the main reasons that students may think they know the **m**___________141), even when they don't, is that they mistake **f**___________142) for understanding. Here is how it works: You read the chapter once, perhaps highlighting as you go. Then later, you read the chapter again, perhaps focusing on the **h**___________143) **m**___________144). As you read it over, the **m**___________145) is familiar because you remember it from before, and this familiarity might lead you to think, "Okay, I know that." The problem is that this feeling of **f**___________146) is not **n**___________147) **e**___________148) to knowing the material and may be of no help when you have to come up with an answer on the exam. In fact, familiarity can often lead to **e**___________149) on **m**___________150) exams because you might pick a choice that looks familiar, only to find later that it was something you had read, but it wasn't really the best answer to the question.

*equivalent: 동등한

자료의 내용은 알지 못할 때 조차도, 학생들이 알고 있다고 생각하는 주된 이유 중 하나는 친숙함을 이해하는 것으로 착각하기 때문이다. 그것이 작동하는 방식이 여기 있다: 당신은 읽을 때 아마도 (중요한 것을) 눈에 띄게 표시하면서, 그 장을 한 번 읽는다. 그러고 나서 나중에, 아마도 눈에 띄게 표시된 자료에 집중하면서, 그 장을 다시 읽는다. 그것을 거듭 읽어서, 이전에 읽은 것으로부터 그것을 기억하기 때문에 소재가 친숙하고, 이러한 친숙함으로 인해 "좋아, 그것을 알겠어."라고 생각하게 될지도 모른다. 문제는 이런 친숙한 느낌이 반드시 자료를 아는 것과 같은 것은 아니며 시험에서 답을 생각해내야 할 때 아무런 도움이 되지 않을 수도 있다는 점이다. 사실, 익숙해 보이는 선택지를 선택할 수 있기 때문에 친숙함은 종종 선다형 시험에서 오류를 일으킬 수 있는데, 결국 나중에 알게 된 것은 당신이 읽었던 것인데, 하지만 사실 그 질문에 대한 가장 좋은 해답은 아니었다는 것이다.

Perfect

35 무관

Given the w_____________151) use of emoticons in e_____________152) communication, an important question is whether they help Internet users to understand e_____________153) in online communication. Emoticons, particularly c_____________154) ones, are much more ambiguous relative to f_____________155) cues and may end up being i_____________156) very differently by different users. Nonetheless, research indicates that they are useful tools in online text-based communication. One study of 137 instant messaging users revealed that emoticons allowed users to correctly understand the level and direction of emotion, a_____________157) and attention expression and that emoticons were a definite a_____________158) in non-verbal communication. Similarly, another study showed that emoticons were useful in strengthening the i_____________159) of a verbal message, as well as in the e_____________160) of sarcasm.

전자 통신에서 이모티콘이 널리 사용되고 있다는 점을 고려할 때, 중요한 문제는 인터넷 사용자들이 온라인상의 의사소통에서 감정을 이해하는데 그것들이 도움을 주는가의 여부이다. 이모티콘, 특히 문자에 기반한 것들은, 면대면을 통한 단서에 비해 훨씬 더 모호하며 결국 다른 사용자들에 의해 매우 다르게 해석될 수 있다. 그럼에도 불구하고, 연구는 그것들이 온라인상의 텍스트 기반 의사소통에서 유용한 도구라는 것을 보여준다. 137명의 인스턴트 메시지(실시간 텍스트 통신) 사용자들을 대상으로 한 연구는 이모티콘이 사용자들로 하여금 감정, 태도, 주의력 표현의 정도와 방향을 정확하게 이해할 수 있게 해주고 이모티콘이 비언어적 의사소통에서 확실한 장점이라는 것을 밝혀냈다. (사실, 언어적 의사소통과 비언어적 의사소통 간의 관계에 관한 연구는 거의 없었다.) 마찬가지로, 또 다른 연구는 이모티콘이 풍자의 표현에서 뿐만 아니라, 언어적 메시지의 강도를 강화하는 데 유용하다는 것을 보여주었다.

36 순서

Students work to get good grades even when they have no i_____________161) in their studies. People s_____________162) job a_____________163) even when they are happy with the jobs they already have. It's like being in a c_____________164) football stadium, watching the c_____________165) play. A spectator several rows in front stands up to get a better view, and a chain reaction follows. Soon everyone is standing, just to be able to see as well as before. Everyone is on their feet rather than sitting, but no one's p_____________166) has i_____________167). And if someone r_____________168) to stand, he might just as well not be at the game at all. When people p_____________169) goods that are p_____________170) , they can't help being in the rat race. To choose not to run is to lose.

학생들은 공부에 관심이 없을 때에도 좋은 성적을 얻기 위해 공부한다. 사람들은 심지어 이미 가지고 있는 직업에 행복할 때조차도 더 나은 직업을 추구한다. 그것은 마치 사람들로 붐비는 축구 경기장에서 중요한 경기를 관람하는 것과 같다. 몇 줄 앞에 있는 한 관중이 더 잘 보기 위해 일어서고, 뒤이어 연쇄 반응이 일어난다. 단지 이전처럼 잘 보기 위해 곧 모든 사람들이 일어서게 된다. 모두가 앉기보다는 일어서지만, 그 누구의 위치도 나아지지 않았다. 그리고 만약 누군가가 일어서기를 거부한다면, 그는 경기에 있지 않는 것이 나을 것이다. 사람들이 위치에 관련된 재화(이익)를 추구할 때, 그들은 치열하고 무의미한 경쟁을 하지 않을 수 없다. 뛰지 않기로 선택하는 것은 지는 것이다.

37 순서

When we compare human and animal d___________171) we find many e___________172) differences. Animals tend to eat with their s___________173), and humans with their brains. When animals' stomachs are full, they stop eating, but humans are never sure when to stop. When they have eaten as much as their b___________ _174) can take, they still feel empty, they still feel an u___________175) for further gratification. This is largely due to anxiety, to the knowledge that a constant supply of food is uncertain. Therefore, they eat as much as possible while they can. It is due, also, to the knowledge that, in an i___________176) world, pleasure is uncertain. Therefore, the i___________177) pleasure of eating must be e___________178) to the full, even though it does v___________179) to the d___________180).

인간과 동물의 욕망을 비교할 때 우리는 많은 특별한 차이점을 발견한다. 동물은 위장으로, 사람은 뇌로 먹는 경향이 있다. 동물은 배가 부르면 먹는 것을 멈추지만, 인간은 언제 멈춰야 할지 결코 확신하지 못한다. 인간은 배에 담을 수 있는 만큼 먹었을 때, 그들은 여전히 허전함을 느끼고 추가적인 만족감에 대한 충동을 느낀다. 이것은 주로 지속적인 식량 공급이 불확실하다는 인식에 따른 불안감 때문이다. 그러므로 그들은 먹을 수 있을 때 가능한 한 최대로 많이 먹는다. 또한, 그것은 불안정한 세상에서 즐거움이 불확실하다는 인식 때문이다. 따라서 즉각적인 먹는 즐거움은 소화에 무리가 되더라도 충분히 이용하여야 한다.

---

38 삽입

Currently, we cannot send humans to other planets. One o___________181) is that such a trip would take years. A s___________182) would need to carry enough air, water, and other s___________183) needed for s___________184) on the long journey. Another obstacle is the h___________185) conditions on other planets, such as extreme heat and cold. Some planets do not even have s___________186) to land on. Because of these obstacles, most research missions in space are a___________187) through the use of spacecraft without crews aboard. These e___________188) p___________189) no risk to human life and are less expensive than ones involving astronauts. The spacecraft carry i___________190) that test the compositions and characteristics of planets.

현재, 우리는 인간을 다른 행성으로 보낼 수 없다. 한 가지 장애물은 그러한 여행이 수 년이 걸릴 것이라는 점이다. 우주선은 긴 여행에서 생존에 필요한 충분한 공기, 물, 그리고 다른 물자를 운반할 필요가 있을 것이다. 또 다른 장애물은 극심한 열과 추위 같은, 다른 행성들의 혹독한 기상 조건이다. 어떤 행성들은 착륙할 표면조차 가지고 있지 않다. 이러한 장애물들 때문에, 우주에서의 대부분의 연구 임무는 승무원이 탑승하지 않은 우주선을 사용해서 이루어진다. 이런 탐험들은 인간의 생명에 아무런 위험도 주지 않으며 우주 비행사들을 포함하는 탐험보다 비용이 덜 든다. 이 우주선은 행성의 구성 성분과 특성을 실험하는 기구들을 운반한다.

Perfect

39 삽입

Our brains are c______191) solving problems. Every time we learn, or remember, or make sense of something, we solve a problem. Some p______192) have c______193) all i______194) language-learning as problem-solving, extending to children such s______195) procedures as "learning by experiment," or "hypothesis-testing." G______196) rarely explain the meaning of new words to children, let alone how g______197) rules work. Instead they use the words or the rules in conversation and leave it to children to figure out what is going on. In order to learn language, an i______198) must make sense of the contexts in which language occurs; problems must be solved. We have all been solving problems of this kind since c______199), usually without a______200) of what we are doing.

우리의 뇌는 끊임없이 문제를 해결하고 있다. 우리가 무언가를 배우거나, 기억하거나, 이해할 때마다, 우리는 문제를 해결한다. 일부 심리학자들은 모든 유아 언어 학습을 문제 해결이라고 규정하였고, 이를 어린이에게 확장하여 그러한 과학적 절차들을 "실험을 통한 학습" 혹은 "가설 검증"으로 보았다. 어른들은 아이들에게 문법적인 규칙이 어떻게 작용하는지는 말할 것도 없고, 새로운 단어의 의미를 거의 설명하지 않는다. 대신에 그들은 대화에서 단어나 규칙을 사용하고, 무슨 말인지 알아내는 일을 아이들에게 맡긴다. 언어를 배우려면, 유아는 언어를 사용하는 맥락을 파악해야 한다. 즉, 문제는 반드시 해결돼야 한다는 것이다. 우리 모두는 우리가 무엇을 하고 있는지에 대한 인식없이 어린 시절부터 이런 종류의 문제들을 해결해왔다.

---

40 요약

Have you n______201) that some coaches get the most out of their a______202) while others don't? A poor coach will tell you what you did wrong and then tell you not to do it again: "Don't drop the ball!" What happens next? The images you see in your head are images of you dropping the ball! Naturally, your mind r______203) what it just "saw" b______ ______204) what it's been told. Not surprisingly, you walk on the court and drop the ball. What does the good coach do? He or she p______205) out what could be i______206), but will then tell you how you could or should perform: "I know you'll catch the ball perfectly this time." S______ ______207) , the next image in your mind is you catching the ball and s______208) a goal. Once again, your m______209) makes your last thoughts part of reality — but this time, that "r______210) " is positive, not negative.

　어떤 코치들은 선수들에게서 최상의 결과를 이끌어 내는 반면 다른 코치들은 그렇지 않다는 것을 알아챘는가? 서투른 코치는 당신이 무엇을 잘못했는지 알려주고 나서 다시는 그러지 말라고 말할 것이다: "공을 떨어뜨리지 마라!" 그 다음엔 무슨 일이 일어날까? 당신이 머릿속에서 보게 되는 이미지는 당신이 공을 떨어뜨리는 이미지이다! 당연히, 당신의 마음은 그것이 들은 것을 바탕으로 방금 "본" 것을 재현한다. 놀랄 것도 없이, 당신은 코트에 걸어가서 공을 떨어뜨린다. 좋은 코치는 무엇을 하는가? 그 사람은 개선될 수 있는 것을 지적하지만, 그 후에 어떻게 할 수 있는지 또는 어떻게 해야 하는지에 대해 말할 것이다: "이번에는 네가 공을 완벽하게 잡을 거라는 걸 알아." 아니나 다를까, 다음으로 당신의 마음속에 떠오르는 이미지는 당신이 공을 '잡고' '득점하는' 것이다. 다시 한 번, 당신의 마음은 당신의 마지막 생각을 현실의 일부로 만들지만, 이번에는, 그 "현실"이 부정적이지 않고, 긍정적이다.

41~2 제목, 빈칸

M____________211) have known for d____________212) that you buy what you see first. You are far more likely to purchase items placed at eye level in the grocery store, for example, than items on the bottom shelf. There is an entire body of research about the way " p____________ p____________213) " in stores influences your buying behavior. This gives you a chance to use product placement to your a____________214). Healthy items like produce are often the least v____________215) foods at home. You won't think to eat what you don't see. This may be part of the reason why 85 percent of Americans do not eat enough fruits and vegetables.

If produce is hidden in a drawer at the bottom of your refrigerator, these good foods are out of s____________216) and mind. The same holds true for your p____________217). I used to have a shelf lined with salty crackers and chips at eye level. When these were the first things I noticed, they were my p____________218) snack foods. That same shelf is now f____________ ____________219) healthy snacks, which makes good decisions easy. Foods that sit out on tables are even more c____________220). When you see food every time you walk by, you are likely to eat it. So to improve your choices, leave good foods like apples and pistachios sitting out instead of crackers and candy.

*produce: 농산물

마케팅 담당자들은 당신이 먼저 보는 것을 산다는 것을 수십 년 동안 알고 있었다. 예를 들어, 아래쪽 선반에 있는 상품보다 식료품점의 눈높이에 있는 상품을 구매할 가능성이 훨씬 더 높다. 매장에서의 "제품 배치"가 구매 행동에 영향을 미치는 방식에 대한 매우 많은 연구가 있다. 이것은 당신에게 유리하게 제품 배치를 사용할 기회를 준다. 농산물과 같은 건강한 식품은 종종 집에서 가장 눈에 띄지 않는 음식이다. 당신은 보이지 않는 것을 먹으려고 생각하지 않을 것이다. 이것이 85%의 미국인들이 과일과 채소를 충분히 먹지 않는 이유 중 일부일 지도 모른다.
만약 농산물이 냉장고 밑의 서랍에 숨겨져 있으면, 이 좋은 음식들은 시야와 마음에서 벗어나 있다. 식료품 저장실에도 마찬가지다. 나는 눈높이에 짠 크래커와 칩이 줄지어 놓여 있는 선반을 가지고 있었다. 이것들이 먼저 내게 눈에 띄는 것이었을 때, 그것들이 나의 주된 간식이었다. 그 동일한 선반은 이제 건강에 좋은 간식으로 가득 차 있어, 좋은 결정을 내리기 쉽게 해준다. 식탁에 나와 있는 음식들은 훨씬 더 중요하다. 당신이 지나갈 때마다 음식을 보면, 당신은 그것을 집어 먹기 쉽다. 따라서 당신의 선택을 개선하기 위해, 크래커와 사탕 대신 사과와 피스타치오 같은 좋은 음식이 나와 있도록 해라.

Perfect

43~5 순서, 지칭, 일치

"Grandma," asked Amy, "are angels real?" "Some people say so," said Grandmother. Amy told Grandmother that she had seen them in pictures. But she also wanted to know if her grandmother had ever actually seen an angel. Her grandmother said she had, but they looked different than in pictures. "Then, I am going to find one!" said Amy. "That's good! But I will go with you, because you're too little," said Grandmother. Amy complained, "But you walk so slowly." "I can walk faster than you think!" Grandmother replied, with a smile.

So they started, Amy l____________ 221) and running. Then, she saw a horse coming towards them. On the horse sat a wonderful lady. When Amy saw her, the woman s____________ 222) with jewels and gold, and her eyes were b____________ 223) than diamonds. "Are you an angel?" asked Amy. The lady gave no r____________ _224), but s____________ 225) c____________ 226) at her, leaving without saying a word.

"That was not an angel!" said Amy. "No, i____________ 227) !" said Grandmother. So Amy walked ahead again. Then, she met a beautiful woman who wore a dress as white as snow. "You must be an angel!" cried Amy. "You dear little girl, do I really look like an angel?" she asked. "You are an angel!" replied Amy. But suddenly the woman's face changed when Amy s____________ 228) on her dress by mistake . "Go away, and go back to your home!" she shouted.

As Amy stepped back from the woman, she stumbled and fell. She lay in the d____________ 229) road and sobbed. "I am tired! Will you take me home, Grandma?" she asked. "Sure! That is what I came for," Grandmother said in a warm voice. They started to walk along the road. S____________ 230) Amy looked up and said, "Grandma, you are not an angel, are you?" "Oh, honey," said Grandmother, "I'm not an angel." "Well, Grandma, you are an angel to me because you always stay by my side," said Amy.

"할머니, 정말 천사가 있어요?" Amy가 물었다. "몇몇 사람들은 그렇다고 하지," 할머니가 말했다. Amy는 할머니에게 그녀가 그림에서 천사들을 본 적이 있다고 말했다. 하지만 (a) 그녀는 또한 그녀의 할머니도 실제로 천사를 본 적이 있는지 알고 싶어 했다. 할머니는 천사를 본 적이 있다고 하였으나 그림에서 본 것과는 다르다고 했다. "그럼, 천사를 찾으러 가볼래요!" Amy가 말했다. "그거 좋지! 하지만 나는 너와 함께 가야겠어. 네가 너무 어리잖니." 할머니가 말했다. "하지만 할머니는 너무 늦게 걷잖아요." Amy가 불평했다. "할머니는 네가 생각하는 것보다 더 빨리 걸을 수 있어." 할머니가 미소를 지으며 대답했다. 그래서 그들은 길을 나섰고 Amy는 뛰어다녔다. 그때, 그녀가 그들 쪽으로 다가오는 말을 보았다. 그 말에는 멋진 여자가 타고 있었다. Amy가 그녀를 보았을 때 그녀는 보석과 황금으로 반짝이고 있었고, 그녀의 눈은 다이아몬드보다 더욱 더 밝게 빛났다. "당신은 천사인가요?" Amy가 물었다. 그 여자는 대답하지 않고 그녀를 차갑게 바라보며 아무런 말없이 자리를 떠났다. "저 사람은 천사가 아니야!" Amy가 말했다. "그래 네 말이 맞아." 할머니가 말했다. 그래서 Amy는 다시 앞장서서 길을 걷기 시작했다. 그때, 그녀는 눈처럼 하얀 드레스를 입은 한 아름다운 여자를 만났다. "당신은 천사가 틀림없어요!" Amy가 외쳤다. "귀여운 아가씨, 내가 정말 천사처럼 보여?" 그녀가 물었다. "당신은 천사에요!" Amy가 말했다. 하지만 Amy가 실수로 그녀의 드레스를 밟았을 때 갑자기 그녀의 얼굴이 돌변했다. "저리 비켜. 집에나 가!", 그녀가 외쳤다. Amy가 그녀로부터 뒤로 물러나며 비틀거리다 바닥에 넘어졌다. 그녀는 더러운 길가에 넘어졌고 울음을 터뜨렸다. "난 지쳤어요! 할머니 저를 집으로 좀 데려다 주세요." "물론이지! 그래서 내가 여기 있는 거잖니." 할머니가 따뜻한 목소리로 말했다. 그들은 길을 따라 걷기 시작했다. 갑자기 그녀가 고개를 들어 말했다. "할머니, 혹시 할머니가 천사일까요?" "오, 아가, 난 천사가 아니야." "음, 할머니, 당신은 저에게 천사가 맞아요. 왜냐면 항상 제 곁에 있어 주시니까요."라고 Amy가 말했다.

2020 고1 6월 모의고사 WORKBOOK

❶ voca   ❷ text   ❸ [/]   ❹ ____   ❺ quiz 1   ❻ quiz 2   ❼ quiz 3   ❽ quiz 4   ❻ quiz 5

18 목적

❷ 회차   / 230점

Dear Mr. Anderson

On b___________1) of Jeperson High School, I am writing this letter to r___________2) p___________3) to conduct an i___________4) field trip in your factory. We hope to give some p___________5) education to our students in r___________6) to industrial procedures. With this purpose in mind, we believe your f___________7) is ideal to carry out such a project. But of course, we need your blessing and support. 35 students would be a___________8) by two teachers. And we would just need a day for the trip. I would really appreciate your c___________9).

Sincerely, Mr. Ray Feynman

19 심경

Erda l___________10) on her back in a clearing, watching drops of sunlight slide through the mosaic of leaves above her. She joined them for a little, moving with the gentle b___________11) , feeling the warm sun f___________12) her. A slight smile was s___________13) over her face. She slowly turned over and pushed her face into the grass, smelling the green pleasant s___________14) from the fresh wild flowers. F___________15) from her daily b___________16) , she got to her feet and went on. Erda walked between the warm trunks of the trees. She felt all her c___________17) had g___________ a___________18) .

Perfect

20 주장

The dish you start with s____________19) as an anchor food for your e____________20) meal. E____________21) show that people eat nearly 50 percent greater q____________22) of the food they eat first. If you start with a dinner roll, you will eat more s____________23), less p____________24), and fewer v____________25) . Eat the healthiest food on your plate first. As age-old w____________26) suggests, this usually means starting with your vegetables or salad. If you are going to eat something unhealthy, at least s____________27) it for last. This will give your body the opportunity to fill up on better options before you move on to s____________28) or sugary desserts.

21 의미

A____________29) , e____________ b____________ l____________30) is more than the sum of individual signals. When people work from this rote-memory, d____________31) approach, they stop seeing the bigger picture, all the diverse a____________32) of social p____________33). Instead, they see a person with crossed arms and think, "R____________34) , angry." They see a smile and think, "Happy." They use a firm handshake to show other people "who is boss." Trying to use body language by reading a body language dictionary is like trying to speak French by reading a French dictionary. Things tend to fall apart in an i____________35) mess. Your actions seem r____________36) ; your body language signals are disconnected from one another. You end up confusing the very people you're trying to a____________37) because your body language just rings false.

22 요지

A g____________38) m____________39) can create a "yo-yo" effect. Many runners work hard for months, but as soon as they cross the f____________ ____________40) , they stop training. The race is no longer there to m____________41) them. When all of your hard work is focused on a particular goal, what is left to push you forward after you achieve it? This is why many people find themselves returning to their old h____________42) after a____________43) a goal. The purpose of setting goals is to win the game. The purpose of building systems is to continue playing the game. True l____________44) thinking is g____________45) thinking. It's not about any single accomplishment. It is about the cycle of endless r____________46) and continuous i____________47) . Ultimately, it is your c____________48) to the p____________49) that will determine your p____________50) .

23 주제

Like anything else involving e__________ 51) , c__________ 52) takes practice. We have to work at getting

into the habit of standing with others in their time of need. Sometimes offering help is a simple matter that

does not take us far out of our way — remembering to speak a kind word to someone who is down, or

spending an o__________ 53) Saturday morning v__________ 54) for a favorite c__________ 55). At other

times, helping involves some real s__________ 56) . "A bone to the dog is not c__________ 57)," Jack London

observed. "C__________ 58) is the bone shared with the dog, when you are just as hungry as the dog." If we

practice taking the many small opportunities to help others, we'll be in s__________ 59) to act when those

times requiring real, hard s__________ 60) come along.

---

24 제목

Every event that causes you to smile makes you feel happy and produces feel-good c__________ 61) in your

brain. Force your face to smile even when you are stressed or feel unhappy. The f__________ 62)

m__________ 63) p__________ 64) produced by the smile is linked to all the "happy networks" in your brain

and will in turn naturally calm you down and change your brain chemistry by releasing the same feel-good

chemicals. Researchers studied the effects of a g__________ 65) and forced smile on individuals during a

stressful event. The r__________ 66) had p__________ 67) perform stressful tasks while not smiling, smiling, or

holding chopsticks crossways in their mouths (to force the face to form a smile). The results of the study

showed that smiling, f__________ 68) or g__________ 69) , during stressful events reduced the i__________

_70) of the stress response in the body and lowered heart rate levels after recovering from the stress.

Perfect

25 도표

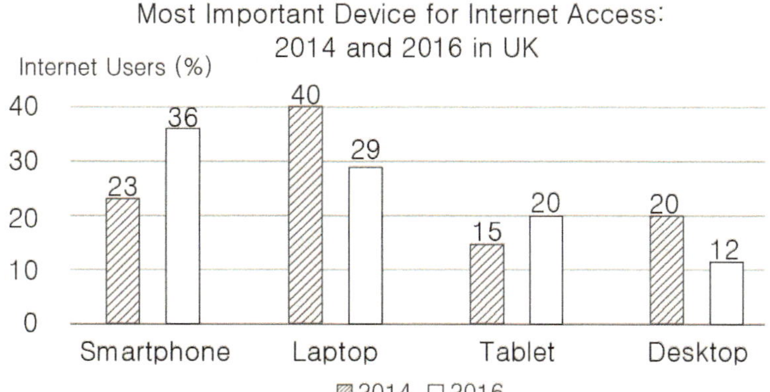

The above graph shows what d____________ 71) British people c____________ 72) the most important when connecting to the Internet in 2014 and 2016. More than a third of UK Internet users considered smartphones to be their most important device for a____________ 73) the Internet in 2016. In the same year, the smartphone o____________ 74) the laptop as the most important d____________ 75) for Internet access. In 2014, UK Internet users were the l____________ 76) likely to select a tablet as their most important device for Internet access. l____________ c____________ 77) , they were the least likely to consider a desktop as their most important device for Internet access in 2016. The p____________ 78) of UK Internet users who selected a desktop as their most important device for Internet access d____________ b____________ h____________ 79) from 2014 to 2016.

26 일치

Sigrid Undset was born on May 20, 1882, in Kalundborg, Denmark. She was the e____________ 80) of three daughters. She moved to Norway at the age of two. Her e____________ 81) life was s____________ 82) i____________ 83) by her father's h____________ 84) knowledge. At the age of sixteen, she got a job at an engineering company to support her family. She read a lot, a____________ 85) a good knowledge of Nordic as well as foreign l____________ 86), English in particular. She wrote thirty six books. None of her books leaves the reader u____________ 87). She received the Nobel Prize for Literature in 1928. One of her novels has been t____________ 88) into more than eighty languages. She escaped Norway during the German o____________ 89), but she returned after the end of World War II.

29 어법

Positively or negatively, our parents and families are powerful influences on us. But even stronger, especially when we're young, are our friends. We often choose friends as a way of expanding our sense of identity b__________90) our families. As a result, the pressure to c__________91) to the s__________92) and e__________93) of friends and other social groups is likely to be i__________94). Judith Rich Harris, who is a developmental psychologist, argues that three main forces s__________95) our development: personal t__________96), our parents, and our p__________97) . The influence of peers, she argues, is much s__________98) than that of parents. "The world that children share with their peers," she says, "is what shapes their behavior and m__________99) the c__________100) they were born with, and hence determines the sort of people they will be when they grow up."

30 어휘

The brain m__________ __________101) just two percent of our body weight but uses 20 percent of our energy. In n__________102) , it's no less than 65 percent. That's partly why babies sleep all the time — their growing brains e__________103) them — and have a lot of body fat, to use as an energy r__________104) when needed. Our muscles use even more of our energy, about a q__________105) of the total, but we have a lot of muscle. Actually, per unit of matter, the brain uses by far more energy than our other o__________106) . That means that the brain is the most expensive of our organs. But it is also m__________107) e__________108). Our brains require only about four hundred calories of energy a day — about the same as we get from a blueberry muffin. Try r__________109) your laptop for twenty-four hours on a muffin and see how f__________ _110) you get.

31 빈칸

When reading another scientist's findings, think c__________111) about the experiment. Ask yourself: Were o__________112) recorded during or after the experiment? Do the c__________113) make sense? Can the results be repeated? Are the sources of information reliable? You should also ask if the scientist or group

Perfect

conducting the experiment was **u**___________114). Being **u**___________115) means that you have no special

i___________116) in the outcome of the experiment. For example, if a drug company pays for an experiment to

test how well one of its new products works, there is a special interest involved: The drug company

p___________117) if the experiment shows that its product is effective. Therefore, the experimenters aren't

o___________118). They might ensure the conclusion is positive and benefits the drug company. When

a___________119) results, think about any **b**___________120) that may be present!

---

32 빈칸

Humans are **c**___________121) **l**___________122) runners. As soon as a person and a chimp start running they

both get hot. Chimps quickly **o**___________123); humans do not, because they are much better at

s___________124) body heat . According to one leading theory, ancestral humans lost their hair over

s___________125) **g**___________126) because less hair meant cooler, more effective long-distance running. That

ability let our **a**___________127) outmaneuver and **o**___________128) **p**___________129). Try wearing a couple

of extra jackets — or better yet, fur coats — on a hot **h**___________130) day and run a mile. Now, take those

jackets off and try it again. You'll see what a difference a lack of fur makes.

---

33 빈칸

Recently I was with a client who had spent almost five hours with me. As we were **p**___________131) for the

evening, we reflected on what we had **c**___________132) that day. Even though our conversation was very

c___________133), I noticed that my client was holding one leg at a right angle to his body, **s**___________134)

wanting to take off on its own. At that point I said, "You really do have to leave now, don't you?" "Yes," he

a___________135). "I am so sorry. I didn't want to be **r**___________136) but I have to call London and I only

have five minutes!" Here was a case where my client's language and most of his body **r**___________137)

nothing but positive feelings. His feet, however, were the most honest communicators, and they **c**___________

_138) told me that as much as he wanted to stay, **d**___________139) was **c**___________140) .

34 빈칸

One of the main reasons that students may think they know the **m**___________141), even when they don't, is that they mistake **f**___________142) for understanding. Here is how it works: You read the chapter once, perhaps highlighting as you go. Then later, you read the chapter again, perhaps focusing on the **h**___________143) **m**___________144). As you read it over, the **m**___________145) is familiar because you remember it from before, and this familiarity might lead you to think, "Okay, I know that." The problem is that this feeling of **f**___________146) is not **n**___________147) **e**___________148) to knowing the material and may be of no help when you have to come up with an answer on the exam. In fact, familiarity can often lead to **e**___________149) on **m**___________150) exams because you might pick a choice that looks familiar, only to find later that it was something you had read, but it wasn't really the best answer to the question.

35 무관

Given the **w**___________151) use of emoticons in **e**___________152) communication, an important question is whether they help Internet users to understand **e**___________153) in online communication. Emoticons, particularly **c**___________154) ones, are much more ambiguous relative to **f**___________155) cues and may end up being **i**___________156) very differently by different users. Nonetheless, research indicates that they are useful tools in online text-based communication. One study of 137 instant messaging users revealed that emoticons allowed users to correctly understand the level and direction of emotion, **a**___________157) and attention expression and that emoticons were a definite **a**___________158) in non-verbal communication. Similarly, another study showed that emoticons were useful in strengthening the **i**___________159) of a verbal message, as well as in the **e**___________160) of sarcasm.

36 순서

Students work to get good grades even when they have no **i**___________161) in their studies. People **s**___________162) job **a**___________163) even when they are happy with the jobs they already have. It's like being in a **c**___________164) football stadium, watching the **c**___________165) play. A spectator several rows in front stands up to get a better view, and a chain reaction follows. Soon everyone is standing, just to be able to see as well as before. Everyone is on their feet rather than sitting, but no one's **p**___________166) has **i**___________167). And if someone **r**___________168) to stand, he might just as well not be at the game at all. When people **p**___________169) goods that are **p**___________170) , they can't help being in the rat race. To choose not to run is to lose.

---

37 순서

When we compare human and animal **d**___________171) we find many **e**___________172) differences. Animals tend to eat with their **s**___________173), and humans with their brains. When animals' stomachs are full, they stop eating, but humans are never sure when to stop. When they have eaten as much as their **b**___________ _174) can take, they still feel empty, they still feel an **u**___________175) for further gratification. This is largely due to anxiety, to the knowledge that a constant supply of food is uncertain. Therefore, they eat as much as possible while they can. It is due, also, to the knowledge that, in an **i**___________176) world, pleasure is uncertain. Therefore, the **i**___________177) pleasure of eating must be **e**___________178) to the full, even though it does **v**___________179) to the **d**___________180).

---

38 삽입

Currently, we cannot send humans to other planets. One **o**___________181) is that such a trip would take years. A **s**___________182) would need to carry enough air, water, and other **s**___________183) needed for **s**___________184) on the long journey. Another obstacle is the **h**___________185) conditions on other planets, such as extreme heat and cold. Some planets do not even have **s**___________186) to land on. Because of these obstacles, most research missions in space are **a**___________187) through the use of spacecraft without crews aboard. These **e**___________188) **p**___________189) no risk to human life and are less expensive than ones involving astronauts. The spacecraft carry **i**___________190) that test the compositions and characteristics of planets.

39 삽입

Our brains are c______191) solving problems. Every time we learn, or remember, or make sense of something, we solve a problem. Some p______192) have c______193) all i______194) language-learning as problem-solving, extending to children such s______195) procedures as "learning by experiment," or "hypothesis-testing." G______196) rarely explain the meaning of new words to children, let alone how g______197) rules work. Instead they use the words or the rules in conversation and leave it to children to figure out what is going on. In order to learn language, an i______198) must make sense of the contexts in which language occurs; problems must be solved. We have all been solving problems of this kind since c______199), usually without a______200) of what we are doing.

---

40 요약

Have you n______201) that some coaches get the most out of their a______202) while others don't? A poor coach will tell you what you did wrong and then tell you not to do it again: "Don't drop the ball!" What happens next? The images you see in your head are images of you dropping the ball! Naturally, your mind r______203) what it just "saw" b______ ______204) what it's been told. Not surprisingly, you walk on the court and drop the ball. What does the good coach do? He or she p______205) out what could be i______206), but will then tell you how you could or should perform: "I know you'll catch the ball perfectly this time." S______ ______207) , the next image in your mind is you catching the ball and s______208) a goal. Once again, your m______209) makes your last thoughts part of reality — but this time, that "r______210) " is positive, not negative.

41~2 제목, 빈칸

M______211) have known for d______212) that you buy what you see first. You are far more likely to purchase items placed at eye level in the grocery store, for example, than items on the bottom shelf. There is an entire body of research about the way " p______ p______213) " in stores influences your buying behavior. This gives you a chance to use product placement to your a______214). Healthy items like produce are often the least v______215) foods at home. You won't think to eat what you don't see. This may be part of the reason why 85 percent of Americans do not eat enough fruits and vegetables.

If produce is hidden in a drawer at the bottom of your refrigerator, these good foods are out of s__________ 216) and mind. The same holds true for your p__________ 217). I used to have a shelf lined with salty crackers and chips at eye level. When these were the first things I noticed, they were my p__________ _218) snack foods. That same shelf is now f__________ __________ 219) healthy snacks, which makes good decisions easy. Foods that sit out on tables are even more c__________ 220). When you see food every time you walk by, you are likely to eat it. So to improve your choices, leave good foods like apples and pistachios sitting out instead of crackers and candy.

43~5 순서, 지칭, 일치

"Grandma," asked Amy, "are angels real?" "Some people say so," said Grandmother. Amy told Grandmother that she had seen them in pictures. But she also wanted to know if her grandmother had ever actually seen an angel. Her grandmother said she had, but they looked different than in pictures. "Then, I am going to find one!" said Amy. "That's good! But I will go with you, because you're too little," said Grandmother. Amy complained, "But you walk so slowly." "I can walk faster than you think!" Grandmother replied, with a smile.

So they started, Amy l__________ 221) and running. Then, she saw a horse coming towards them. On the horse sat a wonderful lady. When Amy saw her, the woman s__________ 222) with jewels and gold, and her eyes were b__________ 223) than diamonds. "Are you an angel?" asked Amy. The lady gave no r__________ _224), but s__________ 225) c__________ 226) at her, leaving without saying a word.

"That was not an angel!" said Amy. "No, i__________ 227) !" said Grandmother. So Amy walked ahead again. Then, she met a beautiful woman who wore a dress as white as snow. "You must be an angel!" cried Amy. "You dear little girl, do I really look like an angel?" she asked. "You are an angel!" replied Amy. But suddenly the woman's face changed when Amy s__________ 228) on her dress by mistake . "Go away, and go back to your home!" she shouted.

As Amy stepped back from the woman, she stumbled and fell. She lay in the d__________ 229) road and sobbed. "I am tired! Will you take me home, Grandma?" she asked. "Sure! That is what I came for," Grandmother said in a warm voice. They started to walk along the road. S__________ 230) Amy looked up and said, "Grandma, you are not an angel, are you?" "Oh, honey," said Grandmother, "I'm not an angel." "Well, Grandma, you are an angel to me because you always stay by my side," said Amy.

2020 고1 6월 모의고사 WORKBOOK

❶ voca ❷ text ❸ [/] ❹ ____ ❺ quiz 1 ❻ quiz 2 ❼ quiz 3 ❽ quiz 4 ❻ quiz 5

18 목적 1)

Dear Mr. Anderson
On behalf of Jeperson High School, I am writing this letter to request permission to conduct an industrial field trip in your factory. We hope to give some practical education to our students in regard to industrial procedures.

(A) And we would just need a day for the trip. I would really appreciate your cooperation.

(B) But of course, we need your blessing and support. 35 students would be accompanied by two teachers.

(C) With this purpose in mind, we believe your firm is ideal to carry out such a project.

Sincerely, Mr. Ray Feynman

① (A)-(C)-(B)　　② (B)-(A)-(C)　　③ (B)-(C)-(A)
④ (C)-(A)-(B)　　⑤ (C)-(B)-(A)

19 심경 2)

Erda lay on her back in a clearing, watching drops of sunlight slide through the mosaic of leaves above her.

(A) Erda walked between the warm trunks of the trees. She felt all her concerns had gone away.

(B) She slowly turned over and pushed her face into the grass, smelling the green pleasant scent from the fresh wild flowers. Free from her daily burden, she got to her feet and went on.

(C) She joined them for a little, moving with the gentle breeze, feeling the warm sun feed her. A slight smile was spreading over her face.

① (A)-(C)-(B)　　② (B)-(A)-(C)　　③ (B)-(C)-(A)
④ (C)-(A)-(B)　　⑤ (C)-(B)-(A)

20 주장 3)

The dish you start with serves as an anchor food for your entire1 meal. Experiments show that people eat nearly 50 percent greater quantity of the food they eat first.

(A) As age-old wisdom suggests, this usually means starting with your vegetables or salad. If you are going to eat something unhealthy, at least save it for last.

(B) If you start with a dinner roll, you will eat more starches, less protein, and fewer vegetables. Eat the healthiest food on your plate first.

(C) This will give your body the opportunity to fill up on better options before you move on to starches or sugary desserts.

*anchor: 닻 **starch: 녹말

① (A)-(C)-(B)　　② (B)-(A)-(C)　　③ (B)-(C)-(A)
④ (C)-(A)-(B)　　⑤ (C)-(B)-(A)

21 의미 4)

Authentic, effective body language is more than the sum of individual signals. When people work from this rote-memory, dictionary approach, they stop seeing the bigger picture, all the diverse aspects of social perception.

(A) They use a firm handshake to show other people "who is boss." Trying to use body language by reading a body language dictionary is like trying to speak French by reading a French dictionary.

(B) Instead, they see a person with crossed arms and think, "Reserved, angry." They see a smile and think, "Happy."

(C) Things tend to fall apart in an inauthentic mess. Your actions seem robotic; your body language signals are disconnected from one another. You end up confusing the very people you're trying to attract because your body language just rings false.

*perish: 죽다

① (A)-(C)-(B)　　② (B)-(A)-(C)　　③ (B)-(C)-(A)
④ (C)-(A)-(B)　　⑤ (C)-(B)-(A)

Perfect

22 요지 5)

A goal-oriented mind-set can create a "yo-yo" effect. Many runners work hard for months, but as soon as they cross the finish line, they stop training. The race is no longer there to motivate them.

(A) It is about the cycle of endless refinement and continuous improvement. Ultimately, it is your commitment to the process that will determine your progress.

(B) When all of your hard work is focused on a particular goal, what is left to push you forward after you achieve it? This is why many people find themselves returning to their old habits after accomplishing a goal.

(C) The purpose of setting goals is to win the game. The purpose of building systems is to continue playing the game. True long-term thinking is goal-less thinking. It's not about any single accomplishment.

① (A)-(C)-(B)   ② (B)-(A)-(C)   ③ (B)-(C)-(A)
④ (C)-(A)-(B)   ⑤ (C)-(B)-(A)

23 주제 6)

Like anything else involving effort, compassion takes practice. We have to work at getting into the habit of standing with others in their time of need.

(A) At other times, helping involves some real sacrifice. "A bone to the dog is not charity," Jack London observed. "Charity is the bone shared with the dog, when you are just as hungry as the dog."

(B) If we practice taking the many small opportunities to help others, we'll be in shape to act when those times requiring real, hard sacrifice come along.

(C) Sometimes offering help is a simple matter that does not take us far out of our way — remembering to speak a kind word to someone who is down, or spending an occasional Saturday morning volunteering for a favorite cause.

① (A)-(C)-(B)   ② (B)-(A)-(C)   ③ (B)-(C)-(A)
④ (C)-(A)-(B)   ⑤ (C)-(B)-(A)

24 제목 7)

Every event that causes you to smile makes you feel happy and produces feel-good chemicals in your brain. Force your face to smile even when you are stressed or feel unhappy.

(A) The results of the study showed that smiling, forced or genuine, during stressful events reduced the intensity of the stress response in the body and lowered heart rate levels after recovering from the stress.

(B) The facial muscular pattern produced by the smile is linked to all the "happy networks" in your brain and will in turn naturally calm you down and change your brain chemistry by releasing the same feel-good chemicals. Researchers studied the effects of a genuine and forced smile on individuals during a stressful event.

(C) The researchers had participants perform stressful tasks while not smiling, smiling, or holding chopsticks crossways in their mouths (to force the face to form a smile).

① (A)-(C)-(B)   ② (B)-(A)-(C)   ③ (B)-(C)-(A)
④ (C)-(A)-(B)   ⑤ (C)-(B)-(A)

26 일치 8)

Sigrid Undset was born on May 20, 1882, in Kalundborg, Denmark. She was the eldest of three daughters. She moved to Norway at the age of two. Her early life was strongly influenced by her father's historical knowledge.

(A) At the age of sixteen, she got a job at an engineering company to support her family. She read a lot, acquiring a good knowledge of Nordic as well as foreign literature, English in particular. She wrote thirty six books.

(B) One of her novels has been translated into more than eighty languages. She escaped Norway during the German occupation, but she returned after the end of World War II.

(C) None of her books leaves the reader unconcerned. She received the Nobel Prize for Literature in 1928.

*Nordic: 북유럽 사람(의)

① (A)-(C)-(B)   ② (B)-(A)-(C)   ③ (B)-(C)-(A)
④ (C)-(A)-(B)   ⑤ (C)-(B)-(A)

29 어법 9)

Positively or negatively, our parents and families are powerful influences on us. But even stronger, especially when we're young, are our friends.

(A) "The world that children share with their peers," she says, "is what shapes their behavior and modifies the characteristics they were born with, and hence determines the sort of people they will be when they grow up."

(B) Judith Rich Harris, who is a developmental psychologist, argues that three main forces shape our development: personal temperament, our parents, and our peers. The influence of peers, she argues, is much stronger than that of parents.

(C) We often choose friends as a way of expanding our sense of identity beyond our families. As a result, the pressure to conform to the standards and expectations of friends and other social groups is likely to be intense.

*temperament: 기질

① (A)-(C)-(B)　　② (B)-(A)-(C)　　③ (B)-(C)-(A)
④ (C)-(A)-(B)　　⑤ (C)-(B)-(A)

30 어휘 10)

The brain makes up just two percent of our body weight but uses 20 percent of our energy. In newborns, it's no less than 65 percent.

(A) Actually, per unit of matter, the brain uses by far more energy than our other organs. That means that the brain is the most expensive of our organs.

(B) But it is also marvelously efficient. Our brains require only about four hundred calories of energy a day — about the same as we get from a blueberry muffin. Try running your laptop for twenty-four hours on a muffin and see how far you get.

(C) That's partly why babies sleep all the time — their growing brains exhaust them — and have a lot of body fat, to use as an energy reserve when needed. Our muscles use even more of our energy, about a quarter of the total, but we have a lot of muscle.

① (A)-(C)-(B)　　② (B)-(A)-(C)　　③ (B)-(C)-(A)
④ (C)-(A)-(B)　　⑤ (C)-(B)-(A)

31 빈칸 11)

When reading another scientist's findings, think critically about the experiment. Ask yourself: Were observations recorded during or after the experiment? Do the conclusions make sense? Can the results be repeated? Are the sources of information reliable?

(A) You should also ask if the scientist or group conducting the experiment was unbiased. Being unbiased means that you have no special interest in the outcome of the experiment.

(B) Therefore, the experimenters aren't objective. They might ensure the conclusion is positive and benefits the drug company. When assessing results, think about any biases that may be present!

(C) For example, if a drug company pays for an experiment to test how well one of its new products works, there is a special interest involved: The drug company profits if the experiment shows that its product is effective.

* vulnerable: 비난받기 쉬운 ** negligence: 태만

① (A)-(C)-(B)　　② (B)-(A)-(C)　　③ (B)-(C)-(A)
④ (C)-(A)-(B)　　⑤ (C)-(B)-(A)

32 빈칸 12)

Humans are champion long-distance runners. As soon as a person and a chimp start running they both get hot. Chimps quickly overheat; humans do not, because they are much better at shedding body heat.

(A) Now, take those jackets off and try it again. You'll see what a difference a lack of fur makes.

(B) That ability let our ancestors outmaneuver and outrun prey. Try wearing a couple of extra jackets — or better yet, fur coats — on a hot humid day and run a mile.

(C) According to one leading theory, ancestral humans lost their hair over successive generations because less hair meant cooler, more effective long-distance running.

*shed: 떨어뜨리다 **outmaneuver: ~에게 이기다

① (A)-(C)-(B)　　② (B)-(A)-(C)　　③ (B)-(C)-(A)
④ (C)-(A)-(B)　　⑤ (C)-(B)-(A)

Perfect

33 빈칸 13)

Recently I was with a client who had spent almost five hours with me. As we were parting for the evening, we reflected on what we had covered that day.

(A) Even though our conversation was very collegial, I noticed that my client was holding one leg at a right angle to his body, seemingly wanting to take off on its own.

(B) His feet, however, were the most honest communicators, and they clearly told me that as much as he wanted to stay, duty was calling.

(C) At that point I said, "You really do have to leave now, don't you?" "Yes," he admitted. "I am so sorry. I didn't want to be rude but I have to call London and I only have five minutes!" Here was a case where my client's language and most of his body revealed nothing but positive feelings.

* collegial: 평등하게 책임을 지는

① (A)-(C)-(B)   ② (B)-(A)-(C)   ③ (B)-(C)-(A)
④ (C)-(A)-(B)   ⑤ (C)-(B)-(A)

34 빈칸 14)

One of the main reasons that students may think they know the material, even when they don't, is that they mistake familiarity for understanding. Here is how it works: You read the chapter once, perhaps highlighting as you go.

(A) In fact, familiarity can often lead to errors on multiple-choice exams because you might pick a choice that looks familiar, only to find later that it was something you had read, but it wasn't really the best answer to the question.

(B) Then later, you read the chapter again, perhaps focusing on the highlighted material. As you read it over, the material is familiar because you remember it from before, and this familiarity might lead you to think, "Okay, I know that."

(C) The problem is that this feeling of familiarity is not necessarily equivalent to knowing the material and may be of no help when you have to come up with an answer on the exam.

*equivalent: 동등한

① (A)-(C)-(B)   ② (B)-(A)-(C)   ③ (B)-(C)-(A)
④ (C)-(A)-(B)   ⑤ (C)-(B)-(A)

35 무관 15)

Given the ◂widespread use of emoticons in electronic communication, an important question is whether they help Internet users to understand emotions in online communication.

(A) Emoticons, particularly character-based ones, are much more ambiguous relative to face-to-face cues and may end up being interpreted very differently by different users.

(B) Similarly, another study showed that emoticons were useful in strengthening the intensity of a verbal message, as well as in the expression of sarcasm.

(C) Nonetheless, research indicates that they are useful tools in online text-based communication. One study of 137 instant messaging users revealed that emoticons allowed users to correctly understand the level and direction of emotion, attitude, and attention expression and that emoticons were a definite advantage in non-verbal communication.

*ambiguous: 모호한 **verbal: 언어적인 ***sarcasm: 풍자

① (A)-(C)-(B)   ② (B)-(A)-(C)   ③ (B)-(C)-(A)
④ (C)-(A)-(B)   ⑤ (C)-(B)-(A)

36 순서 16)

Students work to get good grades even when they have no interest in their studies. People seek job advancement even when they are happy with the jobs they already have.

(A) And if someone refuses to stand, he might just as well not be at the game at all. When people pursue goods that are positional, they can't help being in the rat race. To choose not to run is to lose.

(B) It's like being in a crowded football stadium, watching the crucial play. A spectator several rows in front stands up to get a better view, and a chain reaction follows.

(C) Soon everyone is standing, just to be able to see as well as before. Everyone is on their feet rather than sitting, but no one's position has improved.

*rat race: 치열하고 무의미한 경쟁

① (A)-(C)-(B)   ② (B)-(A)-(C)   ③ (B)-(C)-(A)
④ (C)-(A)-(B)   ⑤ (C)-(B)-(A)

37 순서 17)

When we compare human and animal desire we find many extraordinary differences. Animals tend to eat with their stomachs, and humans with their brains.

(A) This is largely due to anxiety, to the knowledge that a constant supply of food is uncertain. Therefore, they eat as much as possible while they can. It is due, also, to the knowledge that, in an insecure world, pleasure is uncertain.

(B) Therefore, the immediate pleasure of eating must be exploited to the full, even though it does violence to the digestion.

(C) When animals' stomachs are full, they stop eating, but humans are never sure when to stop. When they have eaten as much as their bellies can take, they still feel empty, they still feel an urge for further gratification.

*gratification: 만족감

① (A)-(C)-(B)　　② (B)-(A)-(C)　　③ (B)-(C)-(A)
④ (C)-(A)-(B)　　⑤ (C)-(B)-(A)

38 삽입 18)

Currently, we cannot send humans to other planets. One obstacle is that such a trip would take years. A spacecraft would need to carry enough air, water, and other supplies needed for survival on the long journey.

(A) Another obstacle is the harsh conditions on other planets, such as extreme heat and cold. Some planets do not even have surfaces to land on.

(B) These explorations pose no risk to human life and are less expensive than ones involving astronauts. The spacecraft carry instruments that test the compositions and characteristics of planets.

(C) Because of these obstacles, most research missions in space are accomplished through the use of spacecraft without crews aboard.

*composition: 구성 성분

① (A)-(C)-(B)　　② (B)-(A)-(C)　　③ (B)-(C)-(A)
④ (C)-(A)-(B)　　⑤ (C)-(B)-(A)

39 삽입 19)

Our brains are constantly solving problems. Every time we learn, or remember, or make sense of something, we solve a problem.

(A) In order to learn language, an infant must make sense of the contexts in which language occurs; problems must be solved. We have all been solving problems of this kind since childhood, usually without awareness of what we are doing.

(B) Instead they use the words or the rules in conversation and leave it to children to figure out what is going on.

(C) Some psychologists have characterized all infant language-learning as problem-solving, extending to children such scientific procedures as "learning by experiment," or "hypothesis-testing." Grown-ups rarely explain the meaning of new words to children, let alone how grammatical rules work.

① (A)-(C)-(B)　　② (B)-(A)-(C)　　③ (B)-(C)-(A)
④ (C)-(A)-(B)　　⑤ (C)-(B)-(A)

40 요약 20)

Have you noticed that some coaches get the most out of their athletes while others don't?

(A) Sure enough, the next image in your mind is you catching the ball and scoring a goal. Once again, your mind makes your last thoughts part of reality — but this time, that "reality" is positive, not negative.

(B) A poor coach will tell you what you did wrong and then tell you not to do it again: "Don't drop the ball!" What happens next? The images you see in your head are images of you dropping the ball! Naturally, your mind recreates what it just "saw" based on what it's been told.

(C) Not surprisingly, you walk on the court and drop the ball. What does the good coach do? He or she points out what could be improved, but will then tell you how you could or should perform: "I know you'll catch the ball perfectly this time."

① (A)-(C)-(B)　　② (B)-(A)-(C)　　③ (B)-(C)-(A)
④ (C)-(A)-(B)　　⑤ (C)-(B)-(A)

Perfect

41~2 제목, 빈칸 21)

Marketers have known for decades that you buy what you see first. You are far more likely to purchase items placed at eye level in the grocery store, for example, than items on the bottom shelf. There is an entire body of research about the way "product placement" in stores influences your buying behavior.

(A) If produce is hidden in a drawer at the bottom of your refrigerator, these good foods are out of sight and mind. The same holds true for your pantry. I used to have a shelf lined with salty crackers and chips at eye level. When these were the first things I noticed, they were my primary snack foods.

(B) That same shelf is now filled with healthy snacks, which makes good decisions easy. Foods that sit out on tables are even more critical. When you see food every time you walk by, you are likely to eat it. So to improve your choices, leave good foods like apples and pistachios sitting out instead of crackers and candy.

(C) This gives you a chance to use product placement to your advantage. Healthy items like produce are often the least visible foods at home. You won't think to eat what you don't see. This may be part of the reason why 85 percent of Americans do not eat enough fruits and vegetables.

*produce: 농산물

① (A)-(C)-(B) ② (B)-(A)-(C) ③ (B)-(C)-(A)
④ (C)-(A)-(B) ⑤ (C)-(B)-(A)

43~5 순서, 지칭, 일치 22)

"Grandma," asked Amy, "are angels real?" "Some people say so," said Grandmother. Amy told Grandmother that she had seen them in pictures. But she also wanted to know if her grandmother had ever actually seen an angel. Her grandmother said she had, but they looked different than in pictures. "Then, I am going to find one!" said Amy. "That's good! But I will go with you, because you're too little," said Grandmother. Amy complained, "But you walk so slowly." "I can walk faster than you think!" Grandmother replied, with a smile. So they started, Amy leaping and running.

(A) Then, she met a beautiful woman who wore a dress as white as snow. "You must be an angel!" cried Amy. "You dear little girl, do I really look like an angel?" she asked. "You are an angel!" replied Amy. But suddenly the woman's face changed when Amy stepped on her dress by mistake. "Go away, and go back to your home!" she shouted.

(B) As Amy stepped back from the woman, she stumbled and fell. She lay in the dusty road and sobbed. "I am tired! Will you take me home, Grandma?" she asked. "Sure! That is what I came for," Grandmother said in a warm voice. They started to walk along the road. Suddenly Amy looked up and said, "Grandma, you are not an angel, are you?" "Oh, honey," said Grandmother, "I'm not an angel." "Well, Grandma, you are an angel to me because you always stay by my side," said Amy.

(C) Then, she saw a horse coming towards them. On the horse sat a wonderful lady. When Amy saw her, the woman sparkled with jewels and gold, and her eyes were brighter than diamonds. "Are you an angel?" asked Amy. The lady gave no reply, but stared coldly at her, leaving without saying a word. "That was not an angel!" said Amy. "No, indeed!" said Grandmother. So Amy walked ahead again.

*stumble: 비틀거리다 **sob: 흐느끼다

① (A)-(C)-(B) ② (B)-(A)-(C) ③ (B)-(C)-(A)
④ (C)-(A)-(B) ⑤ (C)-(B)-(A)

2020년 고1 6월 모의고사 (부산시 교육청)

2020 고1 6월 모의고사 WORKBOOK

❶ voca ❷ text ❸ [/] ❹ ____ ❺ quiz 1 ❻ quiz 2 ❼ quiz 3 ❽ quiz 4 ❻ quiz 5

✪ 주어진 글의 밑줄 친 부분 중, 어법상 틀린 것은?

18 목적 1)

Dear Mr. Anderson
① **On behalf of** Jeperson High School, I am writing this letter to request permission to conduct an industrial field trip in your factory. We hope ② **to give** some practical education to our students in regard to industrial procedures. With this purpose in mind, we believe your firm is ideal ③ **to carry out** such a project. But of course, we need your blessing and support. 35 students ④ **would be accompanied by** two teachers. And we would just ⑤ **need to a day** for the trip. I would really appreciate your cooperation.
Sincerely, Mr. Ray Feynman

19 심경 2)

Erda ① **lay** her back in a clearing, watching drops of sunlight slide through the mosaic of leaves above her. She ② **joined** them for a little, moving with the gentle breeze, feeling the warm sun feed her. A slight smile was ③ **spreading** over her face. She slowly turned over and pushed her face into the grass, ④ **smelling** the green pleasant scent from the fresh wild flowers. Free from her daily burden, she got to her feet and went on. Erda walked between the warm trunks of the trees. She felt all her concerns ⑤ **had gone** away.

20 주장 3)

The dish you start with ① **serves** as an anchor food for your entire meal. Experiments show ② **that** people eat nearly 50 percent greater quantity of the food they eat first. If you start with a dinner roll, you will eat more starches, less protein, and fewer vegetables. Eat the healthiest food on your plate first. As age-old wisdom ③ **suggests**, this usually means starting with your vegetables or salad. If you are going to eat ④ **something unhealthy**, at least save it for last. This will give your body the opportunity ⑤ **fills up** on better options before you move on to starches or sugary desserts.
*anchor: 닻 **starch: 녹말

21 의미 4)

Authentic, effective body language is more than the sum of individual signals. When people work from this rote-memory, dictionary approach, they stop ① **seeing** the bigger picture, all the diverse aspects of social perception. Instead, they see a person with crossed arms and think, "Reserved, angry." They see a smile and think, "Happy." They use a firm handshake to show other people "who is boss." ② **Trying to** use body language by reading a body language dictionary is like trying to speak French by reading a French dictionary. Things tend to fall apart in an inauthentic mess. Your actions ③ **seem** robotic; your body language signals are ④ **disconnected** from one another. You end up ⑤ **confused** the very people you're trying to attract because your body language just rings false.
* perish: 죽다

Perfect

22 요지 5)

A goal-oriented mind-set can create a "yo-yo" effect. Many runners work hard for months, but as soon as they cross the finish line, they stop ① **training**. The race is no longer there ② **to motivate them**. When all of your hard work is focused on a particular goal, what is left to push you forward after you achieve it? This is why many people find themselves ③ **returning to their old habits** after accomplishing a goal. The purpose of setting goals is to win the game. The purpose of building systems ④ **is** to continue playing the game. True long-term thinking is goal-less thinking. It's not about any single accomplishment. It is about the cycle of endless refinement and continuous improvement. Ultimately, it is your commitment to the process ⑤ **which will be determined by** your progress.

23 주제 6)

Like anything else ① **involving** effort, compassion takes practice. We have to work ② **at getting into the habit of standing with others** in their time of need. Sometimes offering help is a simple matter that does not take us far out of our way — remembering to speak a kind word to someone who is down, or spending an occasional Saturday morning volunteering for a favorite cause. At other times, helping involves some real sacrifice. "A bone to the dog is not charity," Jack London ③ **observed**. "Charity is the bone ④ **sharing with** the dog, when you are just as hungry as the dog." If we practice taking the many small opportunities to help others, we'll be in shape to act when those times ⑤ **requiring real, hard sacrifice come along**.

24 제목 7)

Every event that ① **causes** you to smile makes you feel happy and produces feel-good chemicals in your brain. Force your face ② **to smile** even when you are stressed or feel unhappy. The facial muscular pattern produced by the smile is linked to all the "happy networks" in your brain and will ③ **in turn** naturally calm you down and change your brain chemistry by releasing the same feel-good chemicals. Researchers studied the effects of a genuine and forced smile on individuals during a stressful event. The researchers had participants ④ **to perform** stressful tasks while not smiling, smiling, or holding chopsticks crossways in their mouths (to force the face to form a smile). The results of the study showed ⑤ **that** smiling, forced or genuine, during stressful events reduced the intensity of the stress response in the body and lowered heart rate levels after recovering from the stress.

25 도표 8)

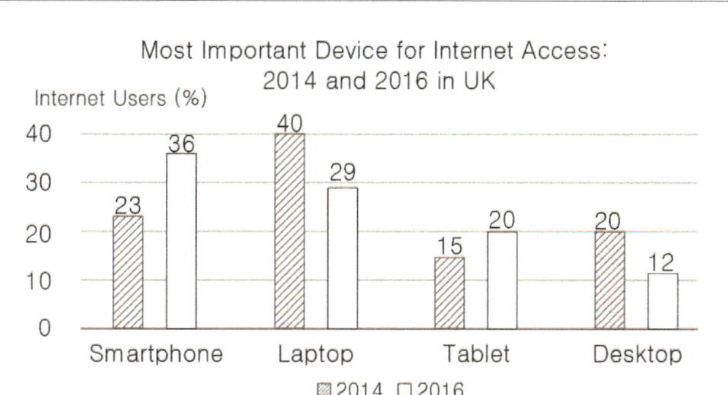

The above graph shows ① **that** devices British people considered the most important when connecting to the Internet in 2014 and 2016. More than ② **a third of UK Internet users considered** smartphones to be their most important device for accessing the Internet in 2016. In the same year, the smartphone ③ **overtook the laptop** as the most important device for Internet access. In 2014, UK Internet users were the least likely to select a tablet as their most important device for Internet access. In contrast, they were ④ **the least likely to consider** a desktop as their most important device for Internet access in 2016. The proportion of UK Internet users who selected a desktop as their most important device for Internet access ⑤ **decreased by half from 2014 to 2016**.

*proportion: 비율

26 일치 9)

Sigrid Undset was born on May 20, 1882, in Kalundborg, Denmark. She was ① **the eldest of** three daughters. She moved to Norway at the age of two. Her early life was strongly influenced by her father's historical knowledge. At the age of sixteen, she got a job at an engineering company ② **to support** her family. She read a lot, acquiring a good knowledge of Nordic as well as foreign literature, English in particular. She wrote thirty six books. ③ **None** of her books leaves the reader unconcerned. She received the Nobel Prize for Literature in 1928. One of her novels ④ **has been translating** into more than eighty languages. She escaped Norway ⑤ **during** the German occupation, but she returned after the end of World War Ⅱ.

*Nordic: 북유럽 사람(의)

29 어법 10)

Positively or negatively, our parents and families are powerful influences on us. But even stronger, especially when we're young, ① **our friends**. We often choose friends as a way of expanding our sense of identity beyond our families. As a result, the pressure ② **to conform to the standards and expectations of friends and other social groups** is likely to be intense. Judith Rich Harris, who is a developmental psychologist, argues ③ **that** three main forces shape our development: personal temperament, our parents, and our peers. The influence of peers, she argues, is much stronger than ④ **that** of parents. "The world that children share with their peers," she says, "is ⑤ **what** shapes their behavior and modifies the characteristics they were born with, and hence determines the sort of people they will be when they grow up."

*temperament: 기질

30 어휘 11)

The brain makes up just two percent of our body weight but ① **uses** 20 percent of our energy. In newborns, it's ② **no less than** 65 percent. That's partly why babies sleep all the time — their growing brains exhaust them — and have a lot of body fat, to use as an energy reserve when needed. Our muscles use even more of our energy, about a quarter of the total, but we have a lot of muscle. Actually, per unit of matter, the brain uses ③ **by far more energy than our other organs**. That means that the brain is the most expensive of our organs. But it is also marvelously efficient. Our brains require only about four hundred calories of energy a day — about the same ④ **as we get** from a blueberry muffin. Try running your laptop for twenty-four hours on a muffin and see ⑤ **what far you get**.

31 빈칸 12)

When reading another scientist's findings, think ① **critically** about the experiment. Ask yourself: Were observations ② **recorded** during or after the experiment? Do the conclusions make sense? Can the results be repeated? Are the sources of information reliable? You should also ask ③ **if the scientist or group conducted the experiment was unbiased**. Being unbiased means that you have no special interest in the outcome of the experiment. For example, ④ **if a drug company pays for an experiment to test how well one of its new products works**, there is a special interest involved: The drug company profits if the experiment shows that its product is effective. Therefore, the experimenters aren't objective. They might ensure the conclusion ⑤ **is** positive and benefits the drug company. When assessing results, think about any biases that may be present!

* vulnerable: 비난받기 쉬운   ** negligence: 태만

Perfect

32 빈칸 13)

 Humans are champion long-distance runners. As soon as a person and a chimp start ① **running** they both get hot. Chimps quickly overheat; humans do not, because they are much better at ② **shedding** body heat. According to one leading theory, ancestral humans lost their hair ③ **over successive generations** because less hair meant cooler, more effective long-distance running. That ability let our ancestors ④ **outmaneuver and outrun** prey. Try wearing a couple of extra jackets — or better yet, fur coats — on a hot humid day and run a mile. Now, take those jackets off and try it again. You'll see ⑤ **what a difference makes a lack of fur**.

*shed: 떨어뜨리다　**outmaneuver: ~에게 이기다

34 빈칸 15)

One of the main reasons that students may think they know the material, even when they don't, ① **be** that they mistake familiarity for understanding. Here is how it works: You read the chapter once, perhaps highlighting as you go. Then later, you read the chapter again, perhaps ② **focusing** on the highlighted material. As you read ③ **it** over, the material is familiar because you remember it from before, and this familiarity might lead you to think, "Okay, I know that." The problem is that this feeling of familiarity is ④ **not necessarily equivalent to knowing the material and may be of no help when you have to come up with an answer on the exam**. In fact, familiarity can often lead to errors on multiple-choice exams because you might pick a choice that looks familiar, ⑤ **only to find later** that it was something you had read, but it wasn't really the best answer to the question.

*equivalent: 동등한

33 빈칸 14)

Recently I was with a client who had spent almost five hours with me. As we were parting for the evening, we reflected on ① **what we had covered that day**. Even though our conversation was very collegial, I noticed that my client was holding one leg at a right angle to his body, seemingly wanting to take off ② **on its own**. At that point I said, "You really do have to leave now, don't you?" "Yes," he admitted. "I am so sorry. I didn't want to be rude but I have to call London and I only have five minutes!" Here was a case ③ **which** my client's language and most of his body revealed nothing but positive feelings. His feet, however, ④ **were** the most honest communicators, and they clearly told me ⑤ **that as much as he wanted to stay**, duty was calling.

* collegial: 평등하게 책임을 지는

35 무관 16)

Given the widespread use of emoticons in electronic communication, an important question is ① **whether** they help Internet users to understand emotions in online communication. Emoticons, particularly character-based ones, ② **are much more ambiguous relative to face-to-face cues and may end up be interpreted very differently by different users**. Nonetheless, research indicates that they are useful tools in online text-based communication. One study of 137 instant messaging users revealed that emoticons ③ **allowed users to correctly understand** the level and direction of emotion, attitude, and attention expression and that emoticons were a definite advantage in non-verbal communication. Similarly, ④ **another study** showed that emoticons were useful in strengthening the intensity of a verbal message, ⑤ **as well as in the expression of sarcasm**.

*ambiguous: 모호한　**verbal: 언어적인　***sarcasm: 풍자

36 순서 17)

Students work to get good grades ① **even when they have no interest in their studies**. People seek job advancement ② **even when they are happy with the jobs they already have**. It's like being in a crowded football stadium, watching the crucial play. A spectator several rows in front stands up to get a better view, and ③ **a chain reaction follows**. Soon everyone is standing, ④ **just to be able to see as well as before**. Everyone is on their feet rather than sitting, but no one's position has improved. And if someone refuses to stand, ⑤ **he might just well not be at the game at all**. When people pursue goods that are positional, they can't help being in the rat race. To choose not to run is to lose.

*rat race: 치열하고 무의미한 경쟁

37 순서 18)

When we compare human and animal desire we find many extraordinary differences. Animals tend to eat with their stomachs, and humans with their brains. When animals' stomachs are full, they stop ① **eating**, but humans are never sure when to stop. When they have eaten as much as their bellies can take, they still feel empty, they still feel an ② **urge for further gratification**. This is largely due to anxiety, to the knowledge that a constant supply of food is uncertain. Therefore, they eat as much as possible while they can. It is ③ **due**, also, to the knowledge ④ **that**, in an insecure world, pleasure is uncertain. Therefore, the immediate pleasure of eating must ⑤ **exploit** to the full, even though it does violence to the digestion.

*gratification: 만족감

38 삽입 19)

Currently, we cannot send humans to other planets. One obstacle is that ① **such a trip would take years**. A spacecraft would need to carry enough air, water, and other supplies ② **needed for survival** on the long journey. Another obstacle is the harsh conditions on other planets, such as extreme heat and cold. Some planets do not even have surfaces ③ **to land**. Because of these obstacles, most research missions in space are accomplished through the use of spacecraft ④ **without crews aboard**. These explorations pose no risk to human life and are less expensive than ones involving astronauts. The spacecraft carry instruments ⑤ **that test the compositions and characteristics of planets**.

*composition: 구성 성분

39 삽입 20)

Our brains are constantly solving problems. Every time we learn, or remember, or ① **make sense of something**, we solve a problem. Some psychologists have characterized all infant language-learning as problem-solving, ② **extending to children such scientific procedures as "learning by experiment," or "hypothesis-testing."** Grown-ups rarely explain the meaning of new words to children, ③ **let alone how grammatical rules work**. Instead they use the words or the rules in conversation and ④ **leave it to children to figure out what is going on**. In order to learn language, an infant must make sense of the contexts in which language occurs; problems must be solved. We ⑤ **have all been solved problems** of this kind since childhood, usually without awareness of what we are doing.

Perfect

40 요약 21)

Have you noticed that some coaches ① **get the most out of their athletes while others don't**? A poor coach will tell you what you did wrong and then tell you not to do it again: "Don't drop the ball!" What happens next? The images you see in your head ② **are images of you dropping the ball**! Naturally, your mind recreates ③ **what they just "saw" based on what they've been told**. Not surprisingly, you walk on the court and drop the ball. What does the good coach do? He or she points out what could be improved, ④ **but will then tell you how you could or should perform**: "I know you'll catch the ball perfectly this time." Sure enough, the next image in your mind is you catching the ball and scoring a goal. Once again, ⑤ **your mind makes your last thoughts part of reality** — but this time, that "reality" is positive, not negative.

41~2 제목, 빈칸 22)

Marketers ① **have known for decades that you buy what you see first**. You are far more likely to purchase items placed at eye level in the grocery store, for example, than items on the bottom shelf. There is an entire body of research about the way "product placement" in stores influences your buying behavior. This gives you a chance to use product placement ② **to your advantage**. Healthy items like produce are often the least visible foods at home. ③ **You won't think to eat what you don't see**. This may be part of the reason why 85 percent of Americans do not eat enough fruits and vegetables.

If produce is hidden in a drawer at the bottom of your refrigerator, these good foods are out of sight and mind. ④ **The same holds truely for your pantry**. ⑤ **I used to have a shelf lined with salty crackers and chips at eye level**. When these were the first things I noticed, they were my primary snack foods. That same shelf is now filled with healthy snacks, which makes good decisions easy. Foods that sit out on tables are even more critical. When you see food every time you walk by, you are likely to eat it. So to improve your choices, leave good foods like apples and pistachios sitting out instead of crackers and candy.

43~5 순서, 지칭, 일치 23)

"Grandma," asked Amy, "are angels real?" "Some people say so," said Grandmother. Amy told Grandmother that she had seen them in pictures. But she also wanted to know if her grandmother had ever actually seen an angel. Her grandmother said she had, but they looked different than in pictures. "Then, I am going to find one!" said Amy. "That's good! But I will go with you, because you're too little," said Grandmother. Amy complained, "But you walk so slowly." "I can walk faster than you think!" Grandmother replied, with a smile.

So they started, ① **Amy leaping and running**. Then, she saw a horse coming towards them. On the horse sat a wonderful lady. When Amy saw her, the woman sparkled with jewels and gold, and her eyes were brighter than diamonds. "Are you an angel?" asked Amy. The lady gave no reply, but stared coldly at her, ② **leaving without saying a word**.

"That was not an angel!" said Amy. "No, indeed!" said Grandmother. So Amy walked ahead again. Then, she met a beautiful woman who wore a dress as white as snow. "You must be an angel!" cried Amy. "You dear little girl, do I really look like an angel?" she asked. "You are an angel!" replied Amy. But suddenly the woman's face changed ③ **when Amy stepped on her dress by mistake**. "Go away, and go back to your home!" she shouted.

As Amy stepped back from the woman, she stumbled and fell. ④ **She lays the dusty road and sobbed**. "I am tired! Will you take me home, Grandma?" she asked. "Sure! That is what I came for," Grandmother said in a warm voice. They started ⑤ **to walk along the road**. Suddenly Amy looked up and said, "Grandma, you are not an angel, are you?" "Oh, honey," said Grandmother, "I'm not an angel." "Well, Grandma, you are an angel to me because you always stay by my side," said Amy.

*stumble: 비틀거리다　**sob: 흐느끼다

2020년 고1 6월 모의고사 (부산시 교육청)

2020 고1 6월 모의고사 WORKBOOK

❶ voca   ❷ text   ❸ [/]   ❹ ____   ❺ quiz 1   ❻ quiz 2   ❼ quiz 3   ❽ quiz 4   ❻ quiz 5

18. 다음 글의 내용과 일치하지 않는 것은? 1)

Dear Mr. Anderson
On behalf of Jeperson High School, I am writing this letter to request permission to conduct an industrial field trip in your factory. We hope to give some practical education to our students in regard to industrial procedures. With this purpose in mind, we believe your firm is ideal to carry out such a project. But of course, we need your blessing and support. 35 students would be accompanied by two teachers. And we would just need a day for the trip. I would really appreciate your cooperation.
Sincerely, Mr. Ray Feynman

① Ray Feynman씨는 Jeperson 고등학교를 대표해서 Anderson씨의 공장에서 산업 현장견학을 할 수 있도록 허가를 요청하기 위해 편지를 썼다.
② Feynman씨는 Jeperson 고등학교 학생들에게 산업 절차와 관련해 몇 가지 실제적인 교육을 하기를 희망한다.
③ Feynman씨는 Anderson씨의 공장이 프로젝트 진행을 위한 이상적인 곳이라고 생각한다.
④ 프로젝트의 진행을 위해서 Anderson씨의 승인과 협조가 필요하지는 않다.
⑤ 두 명의 선생님이 35명의 학생들과 동행할 것이며 이 현장 견학을 위해 단 하루가 예정되어 있다.

19 다음 글의 내용과 일치하지 않는 것은? 2)

Erda lay on her back in a clearing, watching drops of sunlight slide through the mosaic of leaves above her. She joined them for a little, moving with the gentle breeze, feeling the warm sun feed her. A slight smile was spreading over her face. She slowly turned over and pushed her face into the grass, smelling the green pleasant scent from the fresh wild flowers. Free from her daily burden, she got to her feet and went on. Erda walked between the warm trunks of the trees. She felt all her concerns had gone away.

① Erda는 개간지에 드러누워 그녀 위쪽의 모자이크 모양의 나뭇잎 사이로 부서진 햇살이 스며드는 것을 지켜보았다.
② 그녀는 따뜻한 태양이 자신에게 자양분을 주는 것을 느끼며 미풍을 따라 움직이면서 그것들과 잠시 함께 했다.
③ 그녀의 얼굴에 미소가 번졌고 몸을 천천히 돌려 신선한 야생화로부터 풍겨오는 푸르고 쾌적한 향기를 맡으며 풀밭으로 얼굴을 내밀었다.
④ 일상의 부담을 떨치지 못한 채 그녀는 일어서서 걸었다.
⑤ 그녀는 나무들의 따뜻한 기둥 사이를 걸었고 모든 걱정이 사라졌음을 느꼈다.

Perfect

20 필자가 주장하는 내용과 일치하지 않는 것은? 3)

The dish you start with serves as an anchor food for your entire meal. Experiments show that people eat nearly 50 percent greater quantity of the food they eat first. If you start with a dinner roll, you will eat more starches, less protein, and fewer vegetables. Eat the healthiest food on your plate first. As age-old wisdom suggests, this usually means starting with your vegetables or salad. If you are going to eat something unhealthy, at least save it for last. This will give your body the opportunity to fill up on better options before you move on to starches or sugary desserts.　　　*anchor: 닻　**starch: 녹말

① 당신이 먼저 먹는 요리가 전체 식사에 닻을 내리는 음식의 역할을 한다.
② 사람들은 먼저 먹는 음식을 거의 50% 더 많이 먹는다.
③ 만약 디너 롤을 가장 먼저 먹기 시작하면 당신은 더 많은 지방과 더 적은 단백질, 그리고 더 적은 채소를 먹을 것이다.
④ 만약 당신이 건강에 좋지 않은 음식을 먹을 것이라면 적어도 그것을 마지막 순서로 남겨둬라.
⑤ 그러면 여러분이 녹말이나 설탕이 든 디저트로 이동하기 전에 당신의 몸을 더 나은 선택 사항들로 채울 기회를 줄 것이다.

21 다음 글의 내용과 일치하지 않는 것은? 4)

Authentic, effective body language is more than the sum of individual signals. When people work from this rote-memory, dictionary approach, they stop seeing the bigger picture, all the diverse aspects of social perception. Instead, they see a person with crossed arms and think, "Reserved, angry." They see a smile and think, "Happy." They use a firm handshake to show other people "who is boss." Trying to use body language by reading a body language dictionary is like trying to speak French by reading a French dictionary. Things tend to fall apart in an inauthentic mess. Your actions seem robotic; your body language signals are disconnected from one another. You end up confusing the very people you're trying to attract because your body language just rings false.　　　*perish: 죽다

① 사람들이 사전식 접근법과 같은 기계적 암기로부터 의사 전달을 할 때 그들은 더 큰 그림, 즉 사회적 인식의 모든 다양한 측면을 보게 된다.
② 사람들은 팔짱을 낀 타인을 보고 "과묵하고, 화가 난" 것으로 생각하며 미소를 보고는 "행복한" 것으로 생각한다.
③ 몸짓 언어 사전을 읽어서 몸짓 언어를 사용하려고 하는 것은 프랑스어 사전을 읽어서 프랑스어를 말하려고 하는 것과 같다.
④ 의미 구성의 요소들이 실효성 없는 상태로 분리되어 버리는 경향이 있다.
⑤ 당신의 몸짓 언어가 잘못 전달된다면 당신이 마음을 끌려고 하는 사람들을 혼란스럽게 하는 결과를 초래할 수 있다.

22 다음 글의 내용과 일치하지 않는 것은? 5)

A goal-oriented mind-set can create a "yo-yo" effect. Many runners work hard for months, but as soon as they cross the finish line, they stop training. The race is no longer there to motivate them. When all of your hard work is focused on a particular goal, what is left to push you forward after you achieve it? This is why many people find themselves returning to their old habits after accomplishing a goal. The purpose of setting goals is to win the game. The purpose of building systems is to continue playing the game. True long-term thinking is goal-less thinking. It's not about any single accomplishment. It is about the cycle of endless refinement and continuous improvement. Ultimately, it is your commitment to the process that will determine your progress.

① 목표 지향적인 사고 방식은 요요 효과를 낼 수 있다.
② 많은 달리기 선수들이 몇 달 동안 열심히 연습하지만 결승선을 통과하는 순간 훈련을 중단하며, 그 경기는 더 이상 그들에게 동기를 주지 않는다.
③ 목표를 설정하는 목적은 경기에서 이기는 것이며 시스템을 구축하는 목적은 게임을 계속하기 위한 것이다.
④ 진정한 장기적 사고는 목표 지향적인 사고이며 그것은 하나의 성취에 관한 것이 아니다.
⑤ 궁극적으로 당신의 발전을 결정짓는 것은 그 과정에 당신이 전념하는 것이다.

23 다음 글의 내용과 일치하지 않는 것은? 6)

Like anything else involving effort, compassion takes practice. We have to work at getting into the habit of standing with others in their time of need. Sometimes offering help is a simple matter that does not take us far out of our way — remembering to speak a kind word to someone who is down, or spending an occasional Saturday morning volunteering for a favorite cause. At other times, helping involves some real sacrifice. "A bone to the dog is not charity," Jack London observed. "Charity is the bone shared with the dog, when you are just as hungry as the dog." If we practice taking the many small opportunities to help others, we'll be in shape to act when those times requiring real, hard sacrifice come along.

① 노력과 관련된 다른 어떤 것과 마찬가지로 연민은 연습이 필요하다.
② 우리는 곤경에 빠진 다른 사람들과 함께 하는 습관을 기르는 데 매진해야 한다.
③ 남을 돕는 것은 종종 진정한 희생을 수반한다.
④ Jack London은 "개에게 뼈를 주는 것은 자선이 아니다. 당신이 개만큼 배가 고플 때 개와 함께 나누는 그 뼈가 자선이다."라고 했다.
⑤ 만약 우리가 다른 사람들을 돕기 위해 많은 작은 기회들을 가지는 연습을 하면, 우리는 진정한 힘든 희생이 필요한 시기가 올 때 행동할 준비가 부족할 것이다.

24 다음을 읽고 이해한 것이 옳지 않은 친구는? 7)

Every event that causes you to smile makes you feel happy and produces feel-good chemicals in your brain. Force your face to smile even when you are stressed or feel unhappy. The facial muscular pattern produced by the smile is linked to all the "happy networks" in your brain and will in turn naturally calm you down and change your brain chemistry by releasing the same feel-good chemicals. Researchers studied the effects of a genuine and forced smile on individuals during a stressful event. The researchers had participants perform stressful tasks while not smiling, smiling, or holding chopsticks crossways in their mouths (to force the face to form a smile). The results of the study showed that smiling, forced or genuine, during stressful events reduced the intensity of the stress response in the body and lowered heart rate levels after recovering from the stress.

① 나연: 인간을 미소 짓게 만드는 온갖 사건들은 인간이 행복감을 느끼게 하고 뇌에서 기분을 좋게 만들어주는 화학물질을 생산해내도록 한대.
② 사나: 미소에 의해 만들어지는 안면 근육의 형태는 뇌의 모든 "행복 연결망"과 연결되어 있고, 따라서 자연스럽게 우리를 안정시키고 기분을 좋게 만들어주는 동일한 화학물질들을 배출함으로써 뇌의 화학 작용을 기존과 같이 유지시킬 거야.
③ 미나: 진정한 미소와 억지 미소가 개개인들에게 미치는 영향을 연구하기 위해 연구자들은 참가자들이 미소 짓지 않거나, 미소 짓거나, 억지 미소를 짓게 하기 위해 입에 젓가락을 옆으로 물고서 스트레스를 수반한 과업을 수행하도록 했대.
④ 다현: 연구의 결과는 미소가 억지이든 진정한 것이든, 스트레스가 상당한 상황에서 인체의 스트레스 반응의 강도를 줄였다고 해.
⑤ 쯔위: 그뿐만 아니라 스트레스로부터 회복한 후의 심장 박동률의 수준도 낮추었다네!

26 다음 글의 내용과 일치하지 않는 것은? 8)

Sigrid Undset was born on May 20, 1882, in Kalundborg, Denmark. She was the eldest of three daughters. She moved to Norway at the age of two. Her early life was strongly influenced by her father's historical knowledge. At the age of sixteen, she got a job at an engineering company to support her family. She read a lot, acquiring a good knowledge of Nordic as well as foreign literature, English in particular. She wrote thirty six books. None of her books leaves the reader unconcerned. She received the Nobel Prize for Literature in 1928. One of her novels has been translated into more than eighty languages. She escaped Norway during the German occupation, but she returned after the end of World War Ⅱ.   *Nordic: 북유럽 사람(의)

① Sigrid Undset은 1882년 5월 20일 덴마크의 Kalundborg에서 세 자매 중 막내 딸로 태어났다.
② 그녀는 2살에 노르웨이로 이주하였으며 그녀의 어린 시절은 아버지의 역사적 지식에 크게 영향을 받았다.
③ 그녀는 16세에 가족을 부양하기 위해 기술 회사에 취업을 하였다.
④ 그녀는 36권의 책을 집필하였고 독자의 관심을 끌지 못한 책은 없었으며 1928년에 노벨 문학상을 수상하였다.
⑤ 그녀의 소설 중 한 권은 80개 이상의 언어로 번역되었고, 그녀는 독일 점령 기간 중 노르웨이를 떠났으나 2차 세계대전이 종료된 후 돌아왔다.

Perfect

29 다음 글의 내용과 일치하지 않는 것은? 9)

Positively or negatively, our parents and families are powerful influences on us. But even stronger, especially when we're young, are our friends. We often choose friends as a way of expanding our sense of identity beyond our families. As a result, the pressure to conform to the standards and expectations of friends and other social groups is likely to be intense. Judith Rich Harris, who is a developmental psychologist, argues that three main forces shape our development: personal temperament, our parents, and our peers. The influence of peers, she argues, is much stronger than that of parents. "The world that children share with their peers," she says, "is what shapes their behavior and modifies the characteristics they were born with, and hence determines the sort of people they will be when they grow up."   *temperament: 기질

① 긍정적이든 부정적이든, 우리의 부모와 가족은 우리에게 강력한 영향을 미친다.

② 하지만 특히 우리가 어렸을 때, 훨씬 더 강한 영향을 주는 것은 우리의 친구들이다.

③ 가족의 범위를 넘어서 우리의 정체성을 확장하는 방법으로 우리는 친구들을 선택하며 그 결과, 친구와 다른 사회 집단의 기준과 기대에 부합해야 한다는 압박감이 약해질 가능성이 있다.

④ 발달 심리학자 Judith Rich Harris는 우리의 발달을 형성하는 세 가지 주요한 힘은: 개인적인 기질, 우리의 부모, 우리의 또래들이라고 주장한다.

⑤ "아이들이 그들의 또래들과 공유하는 세상은 그들의 행동을 형성하는 것이고, 그들이 가지고 태어난 특성을 수정하는 것이며, 따라서 그들이 자라서 어떤 사람이 될지를 결정하는 것이다."라고 그녀는 말한다.

30 다음 글의 내용과 일치하지 않는 것은? 10)

The brain makes up just two percent of our body weight but uses 20 percent of our energy. In newborns, it's no less than 65 percent. That's partly why babies sleep all the time — their growing brains exhaust them — and have a lot of body fat, to use as an energy reserve when needed. Our muscles use even more of our energy, about a quarter of the total, but we have a lot of muscle. Actually, per unit of matter, the brain uses by far more energy than our other organs. That means that the brain is the most expensive of our organs. But it is also marvelously efficient. Our brains require only about four hundred calories of energy a day — about the same as we get from a blueberry muffin. Try running your laptop for twenty-four hours on a muffin and see how far you get.

① 뇌는 몸무게의 2 퍼센트만을 차지하지만 우리의 에너지의 20 퍼센트를 사용한다.

② 갓 태어난 아기의 경우 그 비율은 65 퍼센트에 달하며, 그것은 부분적으로 아기들이 항상 잠을 자고 (뇌의 성장이 그들을 소진시키고), 체지방을 보유하는 이유인데, 필요할 때 보유한 에너지를 사용하기 위한 것이다.

③ 근육은 약 4분의 1 정도로 훨씬 더 많은 에너지를 사용하기도 하지만, 많은 근육을 가지고 있기도 하다.

④ 실제로, 물질 단위당, 뇌는 다른 기관보다 훨씬 많은 에너지를 사용하며 그것은 우리 장기 중 뇌가 단연 가장 에너지 소모가 많다는 것을 의미한다.

⑤ 뇌는 하루에 약 400 칼로리의 에너지만 필요로 하는데, 이는 블루베리 머핀에서 얻는 것과 완전히 같다.

31 다음을 읽고 이해한 것이 옳지 않은 친구는? 11)

When reading another scientist's findings, think critically about the experiment. Ask yourself: Were observations recorded during or after the experiment? Do the conclusions make sense? Can the results be repeated? Are the sources of information reliable? You should also ask if the scientist or group conducting the experiment was unbiased. Being unbiased means that you have no special interest in the outcome of the experiment. For example, if a drug company pays for an experiment to test how well one of its new products works, there is a special interest involved: The drug company profits if the experiment shows that its product is effective. Therefore, the experimenters aren't objective. They might ensure the conclusion is positive and benefits the drug company. When assessing results, think about any biases that may be present!

* vulnerable: 비난받기 쉬운 ** negligence: 태만

① 미연: 다른 과학자의 실험 결과물을 읽을 때, 그 실험에 대해 비판적으로 생각해야 해.

② 민니: 실험을 수행한 그 과학자나 그룹이 한쪽으로 치우치지 않았는지도 물어야 해. 한쪽으로 치우치지 않음은 실험의 결과로 특별한 이익을 얻지 않는다는 것을 의미하거든.

③ 슈화: 예를 들면, 만약 한 제약회사가 그 회사의 새로운 제품 중 하나가 얼마나 잘 작용하는지 시험해 보기 위한 실험 비용을 지불한다면 특별한 이익이 관련된 거라고 할 수 있지.

④ 소연: 만약 실험이 그 제품이 효과 있음을 보여준다면, 그 제약회사는 이익을 볼 거야. 따라서 그 실험자들은 객관적이야. 그들은 결론이 제약 회사에 우호적이고 이익을 주도록 보장 할지도 몰라.

⑤ 우기: 결론적으로 결과들을 평가할 때, 있을 수 있는 어떤 치우침에 대해 생각하라는 말이군!

32 다음 글의 내용과 일치하지 않는 것은? 12)

Humans are champion long-distance runners. As soon as a person and a chimp start running they both get hot. Chimps quickly overheat; humans do not, because they are much better at shedding body heat. According to one leading theory, ancestral humans lost their hair over successive generations because less hair meant cooler, more effective long-distance running. That ability let our ancestors outmaneuver and outrun prey. Try wearing a couple of extra jackets — or better yet, fur coats — on a hot humid day and run a mile. Now, take those jackets off and try it again. You'll see what a difference a lack of fur makes.

*outmaneuver: ~에게 이기다

① 한 사람과 침팬지가 달리기를 시작하자마자 그들은 둘 다 더위를 느낀다.

② 침팬지는 빠르게 체온이 오르는 반면 인간들은 그렇지 않은데, 신체 열을 보존하는 것을 훨씬 잘하기 때문이다.

③ 유력한 한 이론에 따르면, 털이 더 적으면 더 시원하고 장거리 달리기에 더 효과적인 것을 의미하기 때문에 선조들은 잇따른 세대에 걸쳐서 털을 잃었다.

④ 그런 능력은 우리 조상들이 먹잇감을 이기고 앞질러서 달리게 했다.

⑤ 덥고 습한 날에 여분의 재킷 두 개를 — 혹은 더 좋게는, 털 코트를 — 입는 것을 시도하고 1마일을 뛴 후, 그 재킷을 벗고 다시 시도하면 털의 부족이 만드는 차이점이 무엇인지 알 것이다.

Perfect

33 다음 글의 내용과 일치하지 않는 것은? 13)

Recently I was with a client who had spent almost five hours with me. As we were parting for the evening, we reflected on what we had covered that day. Even though our conversation was very collegial, I noticed that my client was holding one leg at a right angle to his body, seemingly wanting to take off on its own. At that point I said, "You really do have to leave now, don't you?" "Yes," he admitted. "I am so sorry. I didn't want to be rude but I have to call London and I only have five minutes!" Here was a case where my client's language and most of his body revealed nothing but positive feelings. His feet, however, were the most honest communicators, and they clearly told me that as much as he wanted to stay, duty was calling.

* collegial: 평등하게 책임을 지는

① 최근에 나는 나와 거의 5시간을 보낸 고객과 함께 있었는데 저녁을 위해 헤어지면서, 우리는 그날 다룬 내용을 되새겼다.

② 비록 우리의 대화가 매우 평등했음에도 불구하고, 나는 나의 고객이 한쪽 다리를 그의 몸에 직각으로 유지하고 있다는 것을 알아챘는데, 외견상 (한 쪽 다리가) 혼자서 급히 서둘러 떠나고 싶어 하는 것 같았다.

③ 그 때 나는 "지금 정말 떠나야 하죠, 그렇지 않나요?"라고 말했고 "네."라고 그는 인정했으며 "정말 미안합니다. 무례하게 굴고 싶지는 않았지만 런던에 전화해야 하는데 시간이 5분밖에 없어요!"라고 말했다.

④ 여기서 내 의뢰인의 언어와 그의 몸의 대부분은 긍정적인 감정만을 드러내고 있었다.

⑤ 그의 발은 가장 가식적인 의사 전달자였고 그것들은 그가 남아있고 싶은 만큼이나, 해야 할 일이 있어 떠나야 한다는 것을 분명히 나타냈다.

34 다음 글의 내용과 일치하지 않는 것은? 14)

One of the main reasons that students may think they know the material, even when they don't, is that they mistake familiarity for understanding. Here is how it works: You read the chapter once, perhaps highlighting as you go. Then later, you read the chapter again, perhaps focusing on the highlighted material. As you read it over, the material is familiar because you remember it from before, and this familiarity might lead you to think, "Okay, I know that." The problem is that this feeling of familiarity is not necessarily equivalent to knowing the material and may be of no help when you have to come up with an answer on the exam. In fact, familiarity can often lead to errors on multiple-choice exams because you might pick a choice that looks familiar, only to find later that it was something you had read, but it wasn't really the best answer to the question.

*equivalent: 동등한

① 자료의 내용은 알지 못할 때조차도, 학생들이 알고 있다고 생각하는 주된 이유 중 하나는 친숙함을 이해하는 것으로 착각하기 때문이다.

② 당신은 읽을 때 아마도 중요한 것을 눈에 띄게 표시하면서, 그 장을 한 번 읽으며 그러고 나서 나중에, 아마도 눈에 띄게 표시된 자료에 집중하면서, 그 장을 다시 읽는다.

③ 그것을 거듭 읽어서, 이전에 읽은 것으로부터 그것을 기억하기 때문에 소재가 친숙하고, 이러한 친숙함으로 인해 "좋아, 그것을 알겠어."라고 생각하게 될지도 모른다.

④ 문제는 이런 친숙한 느낌이 반드시 자료를 아는 것과 같은 것은 아니며 시험에서 답을 생각해내야 할 때 아무런 도움이 되지 않을 수도 있다는 점이다.

⑤ 사실, 익숙해 보이는 선택지를 선택할 수 있기 때문에 친숙함은 종종 선다형 시험에서 오류를 일으킬 수 있는데, 결국 나중에 알게 된 것은 당신이 읽었던 것인데, 하지만 사실 그 질문에 대한 가장 최악의 해답은 아니었다는 것이다.

35 다음 글의 내용과 일치하지 않는 것은? 15)

Given the widespread use of emoticons in electronic communication, an important question is whether they help Internet users to understand emotions in online communication. Emoticons, particularly character-based ones, are much more ambiguous relative to face-to-face cues and may end up being interpreted very differently by different users. Nonetheless, research indicates that they are useful tools in online text-based communication. One study of 137 instant messaging users revealed that emoticons allowed users to correctly understand the level and direction of emotion, attitude, and attention expression and that emoticons were a definite advantage in non-verbal communication. Similarly, another study showed that emoticons were useful in strengthening the intensity of a verbal message, as well as in the expression of sarcasm.

*ambiguous: 모호한 **verbal: 언어적인
***sarcasm: 풍자

① 전자 통신에서 이모티콘이 널리 사용되고 있다는 점을 고려할 때, 중요한 문제는 인터넷 사용자들이 온라인상의 의사소통에서 감정을 이해하는데 그것들이 도움을 주는가의 여부이다.
② 이모티콘, 특히 문자에 기반한 것들은, 면대면을 통한 단서에 비해 훨씬 더 모호하며 결국 다른 사용자들에 의해 매우 다르게 해석될 수 있다.
③ 그럼에도 불구하고, 연구는 그것들이 온라인상의 텍스트 기반 의사소통에서 유용한 도구라는 것을 보여준다.
④ 137명의 인스턴트 메시지(실시간 텍스트 통신) 사용자들을 대상으로 한 연구는 이모티콘이 사용자들로 하여금 감정, 태도, 주의력 표현의 정도와 방향을 정확하게 이해할 수 있게 해주고 이모티콘이 언어적 의사소통에서 확실한 장점이라는 것을 밝혀냈다.
⑤ 마찬가지로, 또 다른 연구는 이모티콘이 풍자의 표현에서 뿐만 아니라, 언어적 메시지의 강도를 강화하는데 유용하다는 것을 보여주었다.

36 다음 글을 읽고 이해한 것이 옳지 않은 친구는? 16)

Students work to get good grades even when they have no interest in their studies. People seek job advancement even when they are happy with the jobs they already have. It's like being in a crowded football stadium, watching the crucial play. A spectator several rows in front stands up to get a better view, and a chain reaction follows. Soon everyone is standing, just to be able to see as well as before. Everyone is on their feet rather than sitting, but no one's position has improved. And if someone refuses to stand, he might just as well not be at the game at all. When people pursue goods that are positional, they can't help being in the rat race. To choose not to run is to lose.

*rat race: 치열하고 무의미한 경쟁

① 담비: 학생들은 공부에 관심이 없을 때에도 좋은 성적을 얻기 위해 공부해.
② 제훈: 사람들은 심지어 이미 가지고 있는 직업에 행복할 때조차도 더 나은 직업을 추구하고, 그건 마치 사람들로 붐비는 축구 경기장에서 중요한 경기를 관람하는 것과 같아.
③ 민주: 몇 줄 앞에 있는 한 관중이 더 잘 보기 위해 일어서고, 뒤이어 연쇄 반응이 일어나지. 단지 이전처럼 잘 보기 위해 곧 모든 사람들이 일어서게 돼. 모두가 일어섬으로써 모두의 위치가 나아진 거지.
④ 원우: 그리고 만약 누군가가 일어서기를 거부한다면, 그는 경기에 있지 않는 것이 나을 거야.
⑤ 지수: 사람들이 위치에 관련된 재화(이익)를 추구할 때, 그들은 치열하고 무의미한 경쟁을 하지 않을 수 없어. 뛰지 않기로 선택하는 것은 지는 거니까.

Perfect

37 다음 글의 내용과 일치하지 않는 것은? 17)

When we compare human and animal desire we find many extraordinary differences. Animals tend to eat with their stomachs, and humans with their brains. When animals' stomachs are full, they stop eating, but humans are never sure when to stop. When they have eaten as much as their bellies can take, they still feel empty, they still feel an urge for further gratification. This is largely due to anxiety, to the knowledge that a constant supply of food is uncertain. Therefore, they eat as much as possible while they can. It is due, also, to the knowledge that, in an insecure world, pleasure is uncertain. Therefore, the immediate pleasure of eating must be exploited to the full, even though it does violence to the digestion.

*gratification: 만족감

① 인간과 동물의 욕망을 비교할 때 우리는 많은 특별한 차이점을 발견하는데 동물은 위장으로, 사람은 뇌로 먹는 경향이 있다.
② 동물은 배가 부르면 먹는 것을 멈추지만, 인간은 언제 멈춰야 할지 결코 확신하지 못한다.
③ 인간은 배에 담을 수 있는 만큼 먹었을 때에도 여전히 허전함을 느끼고 추가적인 만족감에 대한 충동을 느끼는데 이는 주로 지속적인 식량 공급이 확실하다는 인식 때문이다.
④ 그러므로 그들은 먹을 수 있을 때 가능한 한 최대로 많이 먹는데, 그것은 불안정한 세상에서 즐거움이 불확실하다는 인식 때문이다.
⑤ 따라서 즉각적인 먹는 즐거움은 소화에 무리가 되더라도 충분히 이용하여야 한다.

38 다음을 읽고 이해한 것이 옳지 않은 친구는? 18)

Currently, we cannot send humans to other planets. One obstacle is that such a trip would take years. A spacecraft would need to carry enough air, water, and other supplies needed for survival on the long journey. Another obstacle is the harsh conditions on other planets, such as extreme heat and cold. Some planets do not even have surfaces to land on. Because of these obstacles, most research missions in space are accomplished through the use of spacecraft without crews aboard. These explorations pose no risk to human life and are less expensive than ones involving astronauts. The spacecraft carry instruments that test the compositions and characteristics of planets.

*composition: 구성 성분

① 연준: 현재, 우리는 인간을 다른 행성으로 보낼 수 없어. 한 가지 장애물은 그러한 여행이 수년이 걸릴 것이라는 점이야.
② 수빈: 우주선은 긴 여행에서 생존에 필요한 충분한 공기, 물, 그리고 다른 물자를 운반할 필요가 있을 거야.
③ 범규: 또 다른 장애물은 극심한 열과 추위 같은, 다른 행성들의 혹독한 기상 조건이야. 어떤 행성들은 착륙할 표면조차 가지고 있지 않아.
④ 카이: 이러한 장애물들 때문에, 우주에서의 대부분의 연구 임무는 승무원이 탑승하지 않은 우주선을 사용해서 이루어진다고 해.
⑤ 태현: 이런 탐험들은 인간의 생명에 조금 위험을 줄 수 있으며 우주 비행사들을 포함하는 탐험보다 비용이 덜 들어. 이 우주선은 행성의 구성 성분과 특성을 실험하는 기구들을 운반한다고 해.

39 다음 글의 내용과 일치하지 않는 것은? 19)

Our brains are constantly solving problems. Every time we learn, or remember, or make sense of something, we solve a problem. Some psychologists have characterized all infant language-learning as problem-solving, extending to children such scientific procedures as "learning by experiment," or "hypothesis-testing." Grown-ups rarely explain the meaning of new words to children, let alone how grammatical rules work. Instead they use the words or the rules in conversation and leave it to children to figure out what is going on. In order to learn language, an infant must make sense of the contexts in which language occurs; problems must be solved. We have all been solving problems of this kind since childhood, usually without awareness of what we are doing.

① 우리의 뇌는 끊임없이 문제를 해결하고 있는데, 우리가 무언가를 배우거나, 기억하거나, 이해할 때마다, 우리는 문제를 해결한다.
② 일부 심리학자들은 모든 유아 언어 학습을 문제 해결이라고 규정하였고, 이를 어린이에게 확장하여 그러한 과학적 절차들을 "실험을 통한 학습" 혹은 "가설 검증"으로 보았다.
③ 어른들은 아이들에게 문법적인 규칙이 어떻게 작용하는지는 말할 것도 없고 새로운 단어의 의미를 거의 설명하지 않으며 그 대신에 대화에서 단어나 규칙을 사용하고, 무슨 말인지를 아이들에게 알려준다.
④ 언어를 배우려면, 유아는 언어를 사용하는 맥락을 파악해야 하는데 즉 문제는 반드시 해결돼야 한다는 것이다.
⑤ 우리 모두는 우리가 무엇을 하고 있는지에 대한 인식 없이 어린 시절부터 이런 종류의 문제들을 해결해왔다.

40 다음 글의 내용과 일치하지 <u>않는</u> 것은?20)

Have you noticed that some coaches get the most out of their athletes while others don't? A poor coach will tell you what you did wrong and then tell you not to do it again: "Don't drop the ball!" What happens next? The images you see in your head are images of you dropping the ball! Naturally, your mind recreates what it just "saw" based on what it's been told. Not surprisingly, you walk on the court and drop the ball. What does the good coach do? He or she points out what could be improved, but will then tell you how you could or should perform: "I know you'll catch the ball perfectly this time." Sure enough, the next image in your mind is you catching the ball and scoring a goal. Once again, your mind makes your last thoughts part of reality — but this time, that "reality" is positive, not negative.

① 어떤 코치들은 선수들에게서 최상의 결과를 이끌어 내는 반면 다른 코치들은 그렇지 않다

② 서투른 코치는 당신이 무엇을 잘못했는지 알려주고 나서 다시는 그러지 말라고 말할 것이며, 그 후 당신이 머릿속에서 보게 되는 이미지는 당신이 공을 떨어뜨리는 이미지일 것이기 때문에 당연히, 당신의 마음은 들은 것을 바탕으로 방금 "본" 것을 재현한다.

③ 좋은 코치는 개선될 수 있는 것을 지적하지 않고 그 후에 어떻게 할 수 있는지 또는 어떻게 해야 하는지에 대해 말할 것이다.

④ 아니나 다를까, 좋은 코치의 말을 듣고 당신의 마음 속에 떠오르는 이미지는 당신이 공을 '잡고' '득점하는' 것이다.

⑤ 다시 한 번, 당신의 마음은 당신의 마지막 생각을 현실의 일부로 만들지만, 이번에는, 그 "현실"이 부정적이지 않고, 긍정적인 것이다.

41~2 다음 글의 내용과 일치하지 <u>않는</u> 것은? 21)

Marketers have known for decades that you buy what you see first. You are far more likely to purchase items placed at eye level in the grocery store, for example, than items on the bottom shelf. There is an entire body of research about the way "product placement" in stores influences your buying behavior. This gives you a chance to use product placement to your advantage. Healthy items like produce are often the least visible foods at home. You won't think to eat what you don't see. This may be part of the reason why 85 percent of Americans do not eat enough fruits and vegetables.

If produce is hidden in a drawer at the bottom of your refrigerator, these good foods are out of sight and mind. The same holds true for your pantry. I used to have a shelf lined with salty crackers and chips at eye level. When these were the first things I noticed, they were my primary snack foods. That same shelf is now filled with healthy snacks, which makes good decisions easy. Foods that sit out on tables are even more critical. When you see food every time you walk by, you are likely to eat it. So to improve your choices, leave good foods like apples and pistachios sitting out instead of crackers and candy.   *produce 농산물

① 사람들은 아래쪽 선반에 있는 상품보다 식료품점의 눈높이에 있는 상품을 구매할 가능성이 훨씬 더 높다.

② 매장에서의 "제품 배치"가 구매 행동에 영향을 미치는 방식에 대한 매우 많은 연구가 있으며, 이것은 당신에게 불리하게 제품 배치를 사용할 기회를 준다.

③ 농산물과 같은 건강한 식품은 종종 집에서 가장 눈에 띄지 않는 음식이며 당신은 보이지 않는 것을 먹으려고 생각하지 않을 것이고, 이것이 85%의 미국인들이 과일과 채소를 충분히 먹지 않는 이유 중 일부일 지도 모른다.

④ 필자는 눈높이에 짠 크래커와 칩이 줄지어 놓여 있는 선반을 가지고 있었으며 이것들이 먼저 눈에 띄는 것이었을 때 그것들이 주된 간식이었으나 그 선반은 이제 건강에 좋은 간식으로 가득 차 있어, 좋은 결정을 내리기 쉽게 해준다.

⑤ 식탁에 나와 있는 음식들은 훨씬 더 중요한데, 당신이 지나갈 때마다 음식을 보면, 당신은 그것을 집어 먹기 쉽기 때문이다.

Perfect

43~5 다음 글의 내용과 일치하지 않는 것은? 22)

"Grandma," asked Amy, "are angels real?" "Some people say so," said Grandmother. Amy told Grandmother that she had seen them in pictures. But she also wanted to know if her grandmother had ever actually seen an angel. Her grandmother said she had, but they looked different than in pictures. "Then, I am going to find one!" said Amy. "That's good! But I will go with you, because you're too little," said Grandmother. Amy complained, "But you walk so slowly." "I can walk faster than you think!" Grandmother replied, with a smile.

So they started, Amy leaping and running. Then, she saw a horse coming towards them. On the horse sat a wonderful lady. When Amy saw her, the woman sparkled with jewels and gold, and her eyes were brighter than diamonds. "Are you an angel?" asked Amy. The lady gave no reply, but stared coldly at her, leaving without saying a word.

"That was not an angel!" said Amy. "No, indeed!" said Grandmother. So Amy walked ahead again. Then, she met a beautiful woman who wore a dress as white as snow. "You must be an angel!" cried Amy. "You dear little girl, do I really look like an angel?" she asked. "You are an angel!" replied Amy. But suddenly the woman's face changed when Amy stepped on her dress by mistake. "Go away, and go back to your home!" she shouted.

As Amy stepped back from the woman, she stumbled and fell. She lay in the dusty road and sobbed. "I am tired! Will you take me home, Grandma?" she asked. "Sure! That is what I came for," Grandmother said in a warm voice. They started to walk along the road. Suddenly Amy looked up and said, "Grandma, you are not an angel, are you?" "Oh, honey," said Grandmother, "I'm not an angel." "Well, Grandma, you are an angel to me because you always stay by my side," said Amy.

*stumble: 비틀거리다   **sob: 흐느끼다

① Amy는 할머니가 실제로 천사를 본 적이 있는지 알고 싶어 했고, 할머니는 천사를 본 적이 있다고 하였으나 그림에서 본 것과는 다르다고 하셨다.

② 그들은 천사를 찾기 위해 길을 나섰고 그들 쪽으로 다가오는 말을 보았다. 그 말에는 멋진 여자가 타고 있었는데 그 여자에게 Amy가 당신은 천사냐고 묻자 그녀는 Amy를 차갑게 바라보며 아무런 말없이 자리를 떠났다.

③ Amy가 다시 앞장서서 길을 걷기 시작했을 때 그녀는 눈처럼 하얀 드레스를 입은 한 아름다운 여자를 만났는데, 할머니가 실수로 그녀의 드레스를 밟았을 때 그녀의 얼굴이 돌변하고 소리를 질렀다.

④ Amy가 비틀거리다 바닥으로 넘어졌고 더러운 길가에 넘어지며 울음을 터뜨렸으며, 지쳐 집에 가겠다고 할머니에게 말했다.

⑤ 집으로 향하는 길에 Amy는 할머니에게 할머니가 항상 제 곁에 있어주시기 때문에 할머니가 천사일 것이라고 말했다.

2020년 고1 6월 모의고사 (부산시 교육청)

2020 고1 6월 모의고사 WORKBOOK

❶ voca ❷ text ❸ [/] ❹ ____ ❺ quiz 1 ❻ quiz 2 ❼ quiz 3 ❽ quiz 4 ❻ quiz 5

18 목적

주어진 글의 밑줄 친 부분 중, 어휘상 <u>틀린</u> 것은? 1)

Dear Mr. Anderson
① **On account of** Jeperson High School, I am writing this letter to request ② **permission** to conduct an industrial field trip in your factory. We hope to give some practical education to our students ③ **in regard to** industrial procedures. With this purpose in mind, we believe your ④ **firm** is ideal to carry out such a project. But of course, we need your blessing and support. 35 students would be ⑤ **accompanied** by two teachers. And we would just need a day for the trip. I would really appreciate your cooperation.
Sincerely, Mr. Ray Feynman

①   ②   ③   ④   ⑤

19 심경

주어진 글에서 전체 흐름과 관계 없는 문장은? 2)

Erda lay on her back in a clearing, watching drops of sunlight slide through the mosaic of leaves above her. ① She joined them for a little, moving with the gentle breeze, feeling the warm sun feed her. ② A slight smile was spreading over her face. ③ She slowly turned over and pushed her face into the grass, smelling the green pleasant scent from the fresh wild flowers. ④ Plants and wild flowers were put in the workplace, generating a boost in mood and general happiness. ⑤ Free from her daily burden, she got to her feet and went on. Erda walked between the warm trunks of the trees. She felt all her concerns had gone away.

20 주장

주어진 글의 밑줄 친 부분 중, 어휘상 <u>틀린</u> 것은?3)

The dish you start with serves as an anchor food for your entire meal. Experiments show that people eat nearly 50 percent ① **greater quantity** of the food they eat first. If you start with a dinner roll, you will eat more starches, less protein, and fewer vegetables. Eat the healthiest food on your plate ② **first**. As age-old wisdom suggests, this usually means starting with your vegetables or salad. If you are going to eat something ③ **unhealthy**, at least save it for ④ **latest**. This will give your body the opportunity to fill up on ⑤ **better** options before you move on to starches or sugary desserts.   *anchor: 닻
**starch: 녹말

①   ②   ③   ④   ⑤

21 의미

밑줄 친 Ⓐ가 맥락 상 무엇의 예시로 적절한지 <u>모두</u> 고르면?4)

① **Authentic, effective body language** is more than the sum of ② **individual signals**. When people work from this rote-memory, dictionary approach, they stop seeing ③ **the bigger picture**, all the diverse aspects of social perception. Instead, Ⓐ **they see a person with crossed arms and think, "Reserved, angry." They see a smile and think, "Happy." They use a firm handshake to show other people "who is boss."** Trying to use body language by ④ **reading a body language dictionary** is like trying to speak French by reading a French dictionary. Things tend to fall apart in an inauthentic mess. Your actions seem robotic; your body language signals are disconnected from one another. You end up confusing the very people you're ⑤ **trying to attract** because your body language just rings false.

①   ②   ③   ④   ⑤

Perfect

22 요지

내용을 잘못 이해한 사람은? 5)

A goal-oriented mind-set can create a "yo-yo" effect. Many runners work hard for months, but as soon as they cross the finish line, they stop training. The race is no longer there to motivate them. When all of your hard work is focused on a particular goal, what is left to push you forward after you achieve it? This is why many people find themselves returning to their old habits after accomplishing a goal. The purpose of setting goals is to win the game. The purpose of building systems is to continue playing the game. True long-term thinking is goal-less thinking. It's not about any single accomplishment. It is about the cycle of endless refinement and continuous improvement. Ultimately, it is your commitment to the process that will determine your progress.

① James: Process makes progress.
② Kathy: You need to abandon the goal of achieving something in order to ceaselessly improve.
③ Yang: System is for accomplishing goals.
④ Kang: There should be change in our attitude rather than in our goal-cheklists.
⑤ Christopher: Continuing your life cosistently, making the cycle of refinement doesn't make "yo-yo".

23 주제

주어진 글의 밑줄 친 부분 중, 어휘상 틀린 것은?6)

Like anything else involving effort, ① **compassion** takes practice. We have to work at getting into the habit of ② **standing with others** in their time of need. Sometimes offering help is a simple matter that does not take us ③ **far out of our way** — remembering to speak a kind word to someone who is down, or spending an occasional Saturday morning volunteering for ④ **a favorite causation**. At other times, helping involves some real sacrifice. "A bone to the dog is not charity," Jack London observed. "Charity is the bone shared with the dog, when you are just as hungry as the dog." If we practice taking ⑤ **the many small opportunities** to help others, we'll be in shape to act when those times requiring real, hard sacrifice come along.

①　　　②　　　③　　　④　　　⑤

24 제목 7)

(A), (B), (C)의 각 네모 안에서 문맥에 맞는 낱말로 가장 적절한 것은?

Every event that causes you to smile makes you feel happy and produces feel-good chemicals in your brain. Force your face to smile even when you are stressed or feel (A) [happy / unhappy]. The facial muscular pattern produced by the smile is linked to all the "happy networks" in your brain and will in turn naturally calm you down and change your brain chemistry by (B) [releasing / relieving] the same feel-good chemicals. Researchers studied the effects of a genuine and forced smile on individuals during a stressful event. The researchers had participants perform stressful tasks while not smiling, smiling, or holding chopsticks crossways in their mouths (to force the face to form a smile). The results of the study showed that smiling, forced or genuine, during stressful events reduced the (C) [intensity / prosperity] of the stress response in the body and lowered heart rate levels after recovering from the stress.

	(A)	(B)	(C)
①	happy	releasing	prosperity
②	unhappy	releasing	intensity
③	happy	relieving	prosperity
④	unhappy	relieving	intensity
⑤	happy	relieving	prosperity

26 일치 8)

주어진 글의 밑줄 친 부분 중, 어휘상 <u>틀린</u> 것은?

Sigrid Undset was born on May 20, 1882, in Kalundborg, Denmark. She was ① **the eldest** of three daughters. She moved to Norway at the age of two. Her early life was strongly ② **influenced** by her father's historical knowledge. At the age of sixteen, she got a job at an engineering company to support her family. She read a lot, ③ **acquiring** a good knowledge of Nordic as well as foreign literature, English in particular. She wrote thirty six books. None of her books leaves the reader ④ **concerning**. She received the Nobel Prize for Literature in 1928. One of her novels has been translated into more than eighty languages. She escaped Norway during the German ⑤ **occupation**, but she returned after the end of World War Ⅱ.

*Nordic: 북유럽 사람(의)

①   ②   ③   ④   ⑤

27 일치

품사가 다른 하나는? 9)

Swimming Summer Camp 2020
Great opportunity ① **to learn** basic swimming techniques with ② **certified** swimming coaches!
PARTICIPANTS & PERIOD
• Age 16 - 18 years
• July 27 - 31 (Monday - Friday)
DAILY SCHEDULE
11:00 a.m. - 12:00 p.m. ③ **Swimming** Lesson
12:30 p.m. - 13:30 p.m. Lunch
PRICE
• $30 (lunch ④ **included**)
※A free swimming cap will be ⑤ **provided** to all participants.
REGISTRATION
• Online only: www.friendlycoaches.ca

29 어법 10)

주어진 글의 빈칸 (A), (B), (C) 에 들어갈 말로 가장 적절한 것은?

Positively or negatively, our parents and families are powerful influences on us. But even stronger, especially when we're young, are our friends. We often choose friends as a way of expanding our sense of identity beyond our families. As a result, the pressure to (A) [confront / confirm / conform] to the standards and expectations of friends and other social groups is likely to be intense. Judith Rich Harris, who is a developmental psychologist, argues that three main forces shape our development: personal temperament, our parents, and our peers. The influence of peers, she argues, is much (B) [stronger / weaker] than that of parents. "The world that children share with their peers," she says, "is what (C) [shapes / ruins] their behavior and modifies the characteristics they were born with, and hence determines the sort of people they will be when they grow up."

*temperament: 기질

	(A)	(B)	(C)
①	confront	stronger	ruins
②	confirm	weaker	ruins
③	conform	weaker	shapes
④	confirm	stronger	shapes
⑤	conform	stronger	shapes

Perfect

30 어휘 11)

주어진 글에서 전체 흐름과 관계 없는 문장은?

The brain makes up just two percent of our body weight but uses 20 percent of our energy. ① In newborns, it's no less than 65 percent. That's partly why babies sleep all the time — their growing brains exhaust them — and have a lot of body fat, to use as an energy reserve when needed. ② Our muscles use even more of our energy, about a quarter of the total, but we have a lot of muscle. ③ Actually, per unit of matter, the brain uses by far more energy than our other organs. That means that the brain is the most expensive of our organs. ④ But it is also marvelously efficient. ⑤ People whose brain activity was more similar while at rest to their cognitive activity had brains that performed more efficiently overall. Our brains require only about four hundred calories of energy a day — about the same as we get from a blueberry muffin. Try running your laptop for twenty-four hours on a muffin and see how far you get.

31 빈칸 12)

다음 글의 주제로 가장 적절한 것은?

When reading another scientist's findings, think critically about the experiment. Ask yourself: Were observations recorded during or after the experiment? Do the conclusions make sense? Can the results be repeated? Are the sources of information reliable? You should also ask if the scientist or group conducting the experiment was unbiased. Being unbiased means that you have no special interest in the outcome of the experiment. For example, if a drug company pays for an experiment to test how well one of its new products works, there is a special interest involved: The drug company profits if the experiment shows that its product is effective. Therefore, the experimenters aren't objective. They might ensure the conclusion is positive and benefits the drug company. When assessing results, think about any biases that may be present!

① 사회 생활 속 편견 없는 태도의 중요성
② 제약 회사의 실험과 이득
③ 비판적 글 읽기의 필요성
④ 실험의 공정성 판단을 위한 비판적 사고
⑤ 제약 회사 실험의 오염 가능성

32 빈칸 13)

주어진 글의 내용을 한 문장으로 요약하고자 한다. 빈칸 (A), (B)에 들어갈 말로 가장 적절한 것은?

 Humans are champion long-distance runners. As soon as a person and a chimp start running they both get hot. Chimps quickly overheat; humans do not, because they are much better at shedding body heat. According to one leading theory, ancestral humans lost their hair over successive generations because less hair meant cooler, more effective long-distance running. That ability let our ancestors outmaneuver and outrun prey. Try wearing a couple of extra jackets — or better yet, fur coats — on a hot humid day and run a mile. Now, take those jackets off and try it again. You'll see what a difference a lack of fur makes.
*shed: 떨어뜨리다   **outmaneuver: ~에게 이기다

⇩

Humans' _____(A)_____ of losing hair makes them _____(B)_____ runners.

	(A)	(B)
①	adaptation	hot
②	adaptation	efficient
③	adoption	efficient
④	adoption	cool
⑤	evolution	hot

33 빈칸 14)

주어진 글의 밑줄 친 부분 중, 어휘상 틀린 것은?

Recently I was with a client who had spent almost five hours with me. As we were parting for the evening, we ① **reflected** on what we had covered that day. Even though our conversation was very ② **collegial**, I noticed that my client was holding one leg at a right angle to his body, seemingly wanting to ③ **take over** on its own. At that point I said, "You really do have to leave now, don't you?" "Yes," he admitted. "I am so sorry. I didn't want to be rude but I have to call London and I only have five minutes!" Here was a case where my client's language and most of his body ④ **revealed** nothing but positive feelings. His feet, however, were the most honest communicators, and they clearly told me that as much as he wanted to stay, ⑤ **duty** was calling.

①   ②   ③   ④   ⑤

34 빈칸 15)

주어진 글의 내용을 한 문장으로 요약하고자 한다. 빈칸 (A), (B)에 들어갈 말로 가장 적절한 것은?

One of the main reasons that students may think they know the material, even when they don't, is that they mistake familiarity for understanding. Here is how it works: You read the chapter once, perhaps highlighting as you go. Then later, you read the chapter again, perhaps focusing on the highlighted material. As you read it over, the material is familiar because you remember it from before, and this familiarity might lead you to think, "Okay, I know that." The problem is that this feeling of familiarity is not necessarily equivalent to knowing the material and may be of no help when you have to come up with an answer on the exam. In fact, familiarity can often lead to errors on multiple-choice exams because you might pick a choice that looks familiar, only to find later that it was something you had read, but it wasn't really the best answer to the question.

⇩

Thinking that you know the material only because you ____(A)____ can lead to ____(B)____.

	(A)	(B)
①	are used to it	errors
②	are used to do it	success
③	used to it	errors
④	used to do it	success
⑤	are used to doing it	errors

35 무관 16)

주어진 글의 밑줄 친 부분 중, 어휘상 <u>틀린</u> 것은?

Given the widespread use of emoticons in electronic communication, an important question is whether they help Internet users to understand emotions in online communication. Emoticons, particularly character-based ones, are much more ① **ambiguous** relative to face-to-face cues and may end up ② **being interpreted** very differently by different users. Nonetheless, research indicates that they are useful tools in online text-based communication. One study of 137 instant messaging users ③ **revealed** that emoticons allowed users to correctly understand the level and direction of emotion, attitude, and attention expression and that emoticons were a ④ **definite disadvantage** in non-verbal communication. Similarly, another study showed that emoticons were useful in ⑤ **strengthening the intensity** of a verbal message, as well as in the expression of sarcasm.

①   ②   ③   ④   ⑤

36 순서 17)

다음 글의 제목으로 가장 적절한 것은?

Students work to get good grades even when they have no interest in their studies. People seek job advancement even when they are happy with the jobs they already have. It's like being in a crowded football stadium, watching the crucial play. A spectator several rows in front stands up to get a better view, and a chain reaction follows. Soon everyone is standing, just to be able to see as well as before. Everyone is on their feet rather than sitting, but no one's position has improved. And if someone refuses to stand, he might just as well not be at the game at all. When people pursue goods that are positional, they can't help being in the rat race. To choose not to run is to lose.

① We Want the Better for Nothing
② Everyone Stands Up for Success
③ Endless Effort Only Wins
④ Chain Reaction Will Save Us
⑤ Positional Goods Are Of Importance

37 순서 18)

주어진 글의 밑줄 친 부분 중, 어휘상 <u>틀린</u> 것은?

When we compare human and animal desire we find many extraordinary ① **differences**. Animals tend to eat with their stomachs, and humans with their brains. When animals' stomachs are full, they stop eating, but humans are never ② **sure** when to stop. When they have eaten as much as their bellies can take, they still feel empty, they still feel an ③ **urge** for further gratification. This is largely due to anxiety, to the knowledge that a constant supply of food is ④ **certain**. Therefore, they eat as much as possible while they can. It is due, also, to the knowledge that, in an insecure world, pleasure is uncertain. Therefore, the immediate pleasure of eating must be exploited to the full, even though it does violence to the ⑤ **digestion**.

①   ②   ③   ④   ⑤

Perfect

38 삽입 19)

주어진 글의 밑줄 친 부분 중, 어휘상 <u>틀린</u> 것은?

Currently, we cannot send humans to other planets. One obstacle is that such a trip would take years. A spacecraft would ① **need to carry** enough air, water, and other supplies needed for survival on the long journey. Another obstacle is the ② **harsh conditions** on other planets, such as extreme heat and cold. Some planets do not even have surfaces to land on. Because of these obstacles, most research missions in space are ③ **accomplished** through the use of spacecraft without crews aboard. These explorations pose no risk to human life and are ④ **more expensive** than ones involving astronauts. The spacecraft carry instruments that test the ⑤ **compositions** and characteristics of planets.

①   ②   ③   ④   ⑤

39 삽입 20)

빈칸에 들어갈 말로 가장 적절한 것은?

Our brains are constantly solving problems. Every time we learn, or remember, or make sense of something, we solve a problem. Some psychologists have characterized all infant language-learning as problem-solving, extending to children such scientific procedures as "learning by experiment," or "hypothesis-testing." Grown-ups rarely explain the meaning of new words to children, let alone how grammatical rules work. Instead they use the words or the rules in conversation and ______________.
In order to learn language, an infant must make sense of the contexts in which language occurs; problems must be solved. We have all been solving problems of this kind since childhood, usually without awareness of what we are doing.

① teach children how to accept them
② become regretful for using them unconsciously
③ let children realize the meaning all by themselves
④ figure out what's going on with children.
⑤ show a hint of helpful attitude for their children

40 요약 21)

빈칸에 들어갈 말로 가장 적절한 것은?

Have you noticed that some coaches get the most out of their athletes while others don't? A poor coach will tell you what you did wrong and then tell you not to do it again: "Don't drop the ball!" What happens next? The images you see in your head are images of you dropping the ball! Naturally, your mind recreates what it just "saw" based on what it's been told. Not surprisingly, you walk on the court and drop the ball. What does the good coach do? He or she points out what could be improved, but will then tell you how you could or should perform: "I know you'll catch the ball perfectly this time." Sure enough, the next image in your mind is you catching the ball and scoring a goal. Once again, your mind ______________ — but this time, that "reality" is positive, not negative.

① brings the latest thoughts to reality
② makes your late thoughts part of reality
③ consists of real thoughts
④ keeps your last thought from being a reality
⑤ takes your last thoughts to fantasy

41~2 제목, 빈칸

품사가 다른 하나는? 22)

Marketers have known for ① **decades** that you buy what you see first. You are far more likely to purchase items placed at eye level in the grocery store, for example, than items on the bottom shelf. There is an entire body of research about the way "product placement" in stores ② **influences** your buying behavior. This gives you a chance to use product placement to your advantage. Healthy items like ③ **produce** are often the least visible foods at home. You won't think to eat what you don't see. This may be part of the reason why 85 percent of Americans do not eat enough fruits and vegetables.

If ④ **produce** is hidden in a drawer at the bottom of your refrigerator, these good foods are out of sight and mind. The same holds true for your pantry. I used to have a shelf lined with salty crackers and chips at eye level. When these were the first things I noticed, they were my primary snack foods. That same ⑤ **shelf** is now filled with healthy snacks, which makes good decisions easy. Foods that sit out on tables are even more critical. When you see food every time you walk by, you are likely to eat it. So to improve your choices, leave good foods like apples and pistachios sitting out instead of crackers and candy.

*produce: 농산물

43~5 순서, 지칭, 일치 23)

다음 각각의 **[A], [B]. [C], [D]**에서 Amy의 심경 혹은 태도로 가장 잘 짝지어진 것은?

"Grandma," asked Amy, "are angels real?" "Some people say so," said Grandmother. Amy told Grandmother that she had seen them in pictures. But she also wanted to know if her grandmother had ever actually seen an angel. Her grandmother said she had, but they looked different than in pictures.

[A] "Then, I am going to find one!" said Amy. "That's good! I will go with you," said Grandmother. So they started, Amy leaping and running.

[B] Then, she saw a horse coming towards them. On the horse sat a wonderful lady. When Amy saw her, the woman sparkled with jewels and gold. "Are you an angel?" asked Amy. The lady gave no reply, but stared coldly at her, leaving without saying a word. "That was not an angel!" said Amy. "No, indeed!" said Grandmother.

[C] So Amy walked ahead again. Then, she met a beautiful woman who wore a dress as white as snow. "You must be an angel!" cried Amy. But suddenly the woman's face changed when Amy stepped on her dress by mistake. "Go away, and go back to your home!" she shouted. As Amy stepped back from the woman, she stumbled and fell. She lay in the dusty road and sobbed. "I am tired! Will you take me home, Grandma?" she asked. "Sure! That is what I came for," Grandmother said in a warm voice.

[D] They started to walk along the road. Suddenly Amy looked up and said, "Grandma, you are not an angel, are you?" "Oh, honey," said Grandmother, "I'm not an angel." "Well, Grandma, you are an angel to me because you always stay by my side," said Amy.

	[A]	[B]	[C]	[D]
①	optimistic	friendly	shy	sacred
②	cheerful	disappointed	sad	respectful
③	hesitant	horrified	gentle	tragic
④	excited	moving	gloomy	tiresome
⑤	leisurely	indifferent	grave	candid

2020 고1 6월 모의
고사 WORKBOOK

❶ voca ❷ text ❸ [/] ❹ ___ ❺ quiz 1 ❻ quiz 2 ❼ quiz 3 ❽ quiz 4 ❻ quiz 5

18 목적

Dear Mr. Anderson
On behalf of Jeperson High School, I am writing this letter to request permission to conduct an industrial field trip in your factory. Ⓐ **저희는 학생들에게 산업 절차와 관련해 몇 가지 실제적인 교육을 하기를 희망합니다.** With this purpose in mind, we believe your firm is ideal to carry out such a project. But of course, we need your blessing and support. 35 students would be accompanied by two teachers. And we would just need a day for the trip. I would really appreciate your cooperation.
Sincerely, Mr. Ray Feynman

1. **서술형** 주어진 한글 해석 Ⓐ을 참고하여 빈칸을 완성하시오. 1)

서술형 답 Ⓐ: We hope to give some practical

education t______ o______ s______ i______

r______ t______ i______ p______.

19 심경

Erda lay on her back in a clearing, watching drops of sunlight slide through the mosaic of leaves above her. She joined them for a little, moving with the gentle breeze, feeling the warm sun feed her. A slight smile was spreading over her face. She slowly turned over and pushed her face into the grass, smelling the green pleasant scent from the fresh wild flowers. ㉠ **일상의 부담에서 벗어나 그녀는 일어서서 걸었다.** Erda walked between the warm trunks of the trees. She felt all her concerns had gone away.

2. **서술형** 주어진 한글 해석 ㉠을 참고하여 보기의 단어를 순서대로 배열하시오. 2)

보기 went / her daily burden, / and / Free / to / from / she / got / her feet / on

서술형 답 ㉠: ______ ______ ______ ______

______, ______ ______ ______ ______

______ ______ ______ ______

20 주장

The dish you start with serves as an anchor food for your entire meal. Experiments show that people eat nearly 50 percent greater quantity of the food they eat first. If you start with a dinner roll, you will eat more starches, less protein, and fewer vegetables. Eat the healthiest food on your plate first. As age-old wisdom suggests, this usually means starting with your vegetables or salad. If you are going to eat something unhealthy, at least save it for last. Ⓐ **이것은 여러분이 녹말이나 설탕이 든 디저트로 이동하기 전에 당신의 몸을 더 나은 선택 사항들로 채울 기회를 줄 것이다.**

*anchor: 닻 **starch: 녹말

3. **서술형** 주어진 한글 해석 Ⓐ을 참고하여 빈칸을 완성하시오. 3)

서술형 답 Ⓐ: This will give your body the o________

t________ f________ u________ o________ b________

o________ before you move on to starches or sugary

desserts.

21 의미

Authentic, effective body language is more than the sum of individual signals. When people work from this rote-memory, dictionary approach, they stop ⓐ **(see, 보는 것)** the bigger picture, all the diverse aspects of social perception. Instead, they see a person with crossed arms and think, "Reserved, angry." They see a smile and think, "Happy." They use a firm handshake to show other people "who is boss." Trying to use body language by reading a body language dictionary is like trying to speak French by reading a French dictionary. Things tend to fall apart in an inauthentic mess. Your actions seem robotic; your body language signals ⓑ **(disconnect, 분리되다)** from one another. You end up ⓒ **(confuse, 혼란스러워지다)** the very people you're trying to attract because your body language just rings false.

* perish: 죽다

4. **서술형** 주어진 원형과 해석을 참고하여 어법과 문맥에 맞게 빈칸을 채우시오. 4)

ⓐ ________________

ⓑ ________________

ⓒ ________________

Perfect

22 요지

A goal-oriented mind-set can create a "yo-yo" effect. Many runners work hard for months, but as soon as they cross the finish line, they stop training. The race is no longer there to motivate them. When all of your hard work is focused on a particular goal, what is left to push you forward after you achieve it? Ⓐ **이것이 많은 사람들이 목표를 성취한 후 옛 습관으로 되돌아가는 자신을 발견하는 이유다.** The purpose of setting goals is to win the game. The purpose of building systems is to continue playing the game. True long-term thinking is goal-less thinking. It's not about any single accomplishment. It is about the cycle of endless refinement and continuous improvement. Ultimately, it is your commitment to the process that will determine your progress.

5. **서술형** 주어진 한글 해석 Ⓐ을 참고하여 빈칸을 완성하시오. 5)

서술형 답 Ⓐ: This is why many people f________ t________ r________ t________ their old habits after accomplishing a goal.

23 주제

Like anything else involving effort, compassion takes practice. ㉠ **우리는 곤경에 빠진 다른 사람들과 함께 하는 습관을 기르는 데 매진해야 한다.** Sometimes offering help is a simple matter that does not take us far out of our way — remembering to speak a kind word to someone who is down, or spending an occasional Saturday morning volunteering for a favorite cause. At other times, helping involves some real sacrifice. "A bone to the dog is not charity," Jack London observed. "Charity is the bone shared with the dog, when you are just as hungry as the dog." If we practice taking the many small opportunities to help others, we'll be in shape to act when those times requiring real, hard sacrifice come along.

6. **서술형** 주어진 한글 해석 ㉠을 참고하여 보기의 단어를 순서대로 배열하시오. 6)

보기 in their time / of / with / standing / others / of / need

서술형 답 ㉠: We have to work at getting into the habit of ________ ________ ________ ________ ________ ________ ________ ________.

24 제목

Every event that causes you to smile makes you feel happy and produces feel-good chemicals in your brain. Force your face to smile even when you are stressed or feel unhappy. The facial muscular pattern produced by the smile is linked to all the "happy networks" in your brain and will in turn naturally calm you down and change your brain chemistry by releasing the same feel-good chemicals. Researchers studied the effects of a genuine and forced smile on individuals during a stressful event. Ⓐ **연구자들은 스트레스가 상당한 상황에서 진정한 미소와 억지 미소가 개개인들에게 미치는 영향을 연구하였다. 연구자들은 참가자들이 미소 짓지 않거나, 미소 짓거나, (억지 미소를 짓게 하기 위해)** The results of the study showed that smiling, forced or genuine, during stressful events reduced the intensity of the stress response in the body and lowered heart rate levels after recovering from the stress.

7. **서술형** 주어진 한글 해석 Ⓐ을 참고하여 빈칸을 완성하시오. 7)

서술형 답 Ⓐ: The researchers h________ p_______ p_______ s_______ t_______ while not smiling, smiling, or holding chopsticks crossways in their mouth (t_______ f_______ the f_______ t_______ f_______ a s_______).

25 도표제외

26 일치

Sigrid Undset was born on May 20, 1882, in Kalundborg, Denmark. She was the eldest of three daughters. She moved to Norway at the age of two. Her early life was strongly influenced by her father's historical knowledge. At the age of sixteen, she got a job at an engineering company to support her family. ㉠ **그녀는 책을 많이 읽었고, 외국 문학, 특히 영국 문학 뿐만 아니라, 북유럽 문학에 관한 상당한 지식을 습득하였다.** She wrote thirty six books. None of her books leaves the reader unconcerned. She received the Nobel Prize for Literature in 1928. One of her novels has been translated into more than eighty languages. She escaped Norway during the German occupation, but she returned after the end of World War Ⅱ.

*Nordic: 북유럽 사람(의)

8. **서술형** 주어진 한글 해석 ㉠을 참고하여 보기의 단어를 순서대로 배열하시오. 8)

보기 Nordic, / as / acquiring / literature, / as / a good knowledge / of / well / foreign

서술형 답 ㉠: She read a lot, ________ ________ ________ ________ ________ ________ ________ ________ ________ ________ ________ ________, English in particular.

Perfect

29 어법

Positively or negatively, our parents and families are powerful influences on us. But even stronger, especially when we're young, are our friends. We often choose friends as a way of expanding our sense of identity beyond our families. As a result, the pressure to conform to the standards and expectations of friends and other social groups is likely to be intense. Judith Rich Harris, who is a developmental psychologist, argues that three main forces shape our development: personal temperament, our parents, and our peers. The influence of peers, she argues, is much stronger than that of parents. "The world that children share with their peers," she says, Ⓐ **"그들의 행동을 형성하는 것이고, 그들이 가지고 태어난 특성을 수정하는 것이며, 따라서 그들이 자라서 어떤 사람이 될지를 결정하는 것이다."**

*temperament: 기질

9. **서술형** 주어진 한글 해석 Ⓐ을 참고하여 빈칸을 완성하시오. 9)

서술형 답 Ⓐ: "is w________ s________ t________

b________ and m________ the c________ t________

w________ b________ w________, and hence

determines the sort of people they will be when

they grow up.

30 어휘

The brain makes up just two percent of our body weight but uses 20 percent of our energy. In newborns, it's no less than 65 percent. That's partly why babies sleep all the time — their growing brains exhaust them — and have a lot of body fat, to use as an energy reserve when needed. Our muscles use even more of our energy, about a quarter of the total, but we have a lot of muscle. Ⓐ **실제로, 물질 단위당, 뇌는 다른 기관보다 훨씬 많은 에너지를 사용한다.** That means that the brain is the most expensive of our organs. But it is also marvelously efficient. Our brains require only about four hundred calories of energy a day — about the same as we get from a blueberry muffin. Try running your laptop for twenty-four hours on a muffin and see how far you get.

10. **서술형** 주어진 한글 해석 Ⓐ을 참고하여 빈칸을 완성하시오. 10)

서술형 답 Ⓐ: Actually, p________ u________

o________ m________, the brain use b________

f________ m________ e________ than our other organs.

31 빈칸

When reading another scientist's findings, think critically about the experiment. Ask yourself: Were observations recorded during or after the experiment? Do the conclusions make sense? Can the results ⓐ **(repeat, 반복되다)**? Are the sources of information reliable? You should also ask if the scientist or group conducting the experiment was unbiased. ⓑ **(unbias, 한쪽으로 치우치지 않는 것)** means that you have no special interest in the outcome of the experiment. For example, if a drug company pays for an experiment to test how well one of its new products works, there is a special interest involved: The drug company profits if the experiment shows that its product is effective. Therefore, the experimenters aren't objective. They might ensure the conclusion is positive and benefits the drug company. When assessing results, think about any biases that may be present!

* vulnerable: 비난받기 쉬운   ** negligence: 태만

11. **서술형**   주어진 원형과 해석을 참고하여 어법과 문맥에 맞게 빈칸을 채우시오. 11)

ⓐ ________________

ⓑ ________________

32 빈칸

Humans are champion long-distance runners. As soon as a person and a chimp start running they both get hot. Chimps quickly overheat; humans do not, because they are much better at shedding body heat. According to one leading theory, ⓐ **조상의** humans lost their hair over ⓑ **잇따른** generations because less hair meant cooler, more effective long-distance running. That ability let our ancestors outmaneuver and ⓒ **앞질러서 달리다** prey. Try wearing a couple of extra jackets — or better yet, fur coats — on a hot ⓓ **습한** day and run a mile. Now, take those jackets off and try it again. You'll see what a difference a lack of fur makes.

*shed: 떨어뜨리다   **outmaneuver: ~에게 이기다

12. **서술형**   주어진 해석을 참고하여 빈칸을 채우시오. 12)

ⓐ ________________   ⓑ ________________

ⓒ ________________   ⓓ ________________

Perfect

33 빈칸

Recently I was with a client who had spent almost five hours with me. ㉠ **저녁을 위해 헤어지면서, 우리는 그날 다룬 내용을 되새겼다.** Even though our conversation was very collegial, I noticed that my client was holding one leg at a right angle to his body, seemingly wanting to take off on its own. At that point I said, "You really do have to leave now, don't you?" "Yes," he admitted. "I am so sorry. I didn't want to be rude but I have to call London and I only have five minutes!" Here was a case where my client's language and most of his body revealed nothing but positive feelings. His feet, however, were the most honest communicators, and they clearly told me that as much as he wanted to stay, duty was calling.

* collegial: 평등하게 책임을 지는

13. **서술형** 주어진 한글 해석 ㉠을 참고하여 보기의 단어를 순서대로 배열하시오. 13)

보기 covered / what / had / on / we / that day

서술형 답 ㉠: As we were parting for the evening, we reflected ______ ______ ______ ______ ______ ______ ______ ______ ______.

34 빈칸

One of the main reasons that students may think they know the material, even when they don't, is that they mistake familiarity for understanding. Here is how it works: You read the chapter once, perhaps highlighting as you go. Then later, you read the chapter again, perhaps focusing on the highlighted material. As you read it over, the material is familiar because you remember it from before, and this familiarity might lead you to think, "Okay, I know that." The problem is that this feeling of familiarity is ⒶR **반드시 자료를 아는 것과 같은 것은 아니며 시험에서 답을 생각해내야 할 때 아무런 도움이 되지 않을 수도 있다는 점이다.** In fact, familiarity can often lead to errors on multiple-choice exams because you might pick a choice that looks familiar, only to find later that it was something you had read, but it wasn't really the best answer to the question.

*equivalent: 동등한

14. **서술형** 주어진 한글 해석 Ⓐ을 참고하여 빈칸을 완성하시오. 14)

서술형 답 Ⓐ: not necessarily e_______ to k______ the material and m______ b______ o______ n______ h______ when you have to come up with an answer on the exam.

35 무관

Given the widespread use of emoticons in electronic communication, an important question is whether they help Internet users to understand emotions in online communication. Emoticons, particularly character-based ones, are much more ambiguous relative to face-to-face cues and may end up being interpreted very differently by different users. Nonetheless, research indicates that they are useful tools in online text-based communication. One study of 137 instant messaging users revealed that emoticons allowed users to correctly understand the level and direction of emotion, attitude, and attention expression and that emoticons were a definite advantage in non-verbal communication. Similarly, another study showed that emoticons were useful in strengthening the intensity of a verbal message, as well as in the expression of sarcasm.

*ambiguous: 모호한 **verbal: 언어적인 ***sarcasm: 풍자

15. **서술형** 주어진 한글 해석 ㉠을 참고하여 보기의 단어를 순서대로 배열하시오. 15)

보기 in / the intensity / of / strengthening / a verbal message, / in / as well as / the expression of sarcasm

서술형 답 ㉠: _______ _______ _______ _______

_______ _______ _______ _______, _______

_______ _______ _______ _______ _______

_______ _______.

36 순서

Students work to get good grades even when they have no interest in their studies. People seek job advancement even when they are happy with the jobs they already have. It's like being in a crowded football stadium, watching the crucial play. A spectator several rows in front stands up to get a better view, and a chain reaction follows. Soon everyone is standing, just to be able to see as well as before. Everyone is on their feet rather than sitting, but no one's position has improved. And if someone refuses to stand, he might just as well not be at the game at all. When people pursue goods that are positional, Ⓐ **그들은 치열하고 무의미한 경쟁을 하지 않을 수 없다.** To choose not to run is to lose.

*rat race: 치열하고 무의미한 경쟁

16. **서술형** 주어진 한글 해석 Ⓐ을 참고하여 빈칸을 완성하시오. 16)

서술형 답 Ⓐ: t_______ c_______ h_______

b_______ i_______ the r_______ r_______.

Perfect

37 순서

When we compare human and animal desire we find many extraordinary differences. Animals tend to eat with their stomachs, and humans with their brains. When animals' stomachs are full, they stop eating, but humans are never sure when to stop. ㉠ **인간은 배에 담을 수 있는 만큼 먹었을 때,** they still feel empty, they still feel an urge for further gratification. This is largely due to anxiety, to the knowledge that a constant supply of food is uncertain. Therefore, they eat as much as possible while they can. It is due, also, to the knowledge that, in an insecure world, pleasure is uncertain. Therefore, the immediate pleasure of eating must be exploited to the full, even though it does violence to the digestion.
*gratification: 만족감

17. 서술형 주어진 한글 해석 ㉠을 참고하여 보기의 단어를 순서대로 배열하시오. 17)

보기 have eaten / take / their bellies / When / they / as much as / can /

서술형 답 ㉠: ________ ________ ________ ________

________ ________ ________ ________ ________

________ ________,

38 삽입

Currently, we cannot send humans to other planets. One obstacle is that such a trip would take years. A spacecraft would need to carry enough air, water, and other supplies needed for survival on the long journey. Another obstacle is the harsh conditions on other planets, such as extreme heat and cold. Some planets do not even have surfaces to land on. Because of these obstacles, most research missions in space are accomplished through the use of spacecraft without crews aboard. ⓐ **이런 탐험들은 인간의 생명에 아무런 위험도 주지 않으며 우주 비행사들을 포함하는 탐험보다 비용이 덜 든다.** The spacecraft carry instruments that test the compositions and characteristics of planets.
*composition: 구성 성분

18. 서술형 주어진 한글 해석 ⓐ을 참고하여 빈칸을 완성하시오. 18)

서술형 답 ⓐ: These explorations pose n________

r________ t________ h________ l________ and are less

expensive t________ o________ i________ a________.

39 삽입

Our brains are constantly solving problems. Every time we learn, or remember, or make sense of something, we solve a problem. Some psychologists have characterized all infant language-learning as problem-solving, extending to children such scientific procedures as "learning by experiment," or "hypothesis-testing." Grown-ups rarely explain the meaning of new words to children, ⓐ **문법적인 규칙이 어떻게 작용하는지는 말할 것도 없고.** Instead they use the words or the rules in conversation and leave it to children to figure out what is going on. In order to learn language, an infant must make sense of the contexts in which language occurs; problems must be solved. We have all been solving problems of this kind since childhood, usually without awareness of what we are doing.

19. 서술형 주어진 한글 해석 ⓐ을 참고하여 빈칸을 완성하시오. 19)

서술형 답 ⓐ: l________ a________ h________ g________

r________ w________.

40 요약

Have you noticed ⓐ ________ some coaches get the most out of their athletes while others don't? A poor coach will tell you ⓑ ________ you did wrong and then tell you not to do it again: "Don't drop the ball!" What happens next? The images you see in your head are images of you dropping the ball! Naturally, your mind recreates what it just "saw" based on ⓒ ________ it's been told. Not surprisingly, you walk on the court and drop the ball. What does the good coach do? He or she points out ⓓ ________ could be improved, but will then tell you ⓔ ________ you could or should perform: "I know you'll catch the ball perfectly this time." Sure enough, the next image in your mind is you catching the ball and scoring a goal. Once again, your mind makes your last thoughts part of reality — but this time, that "reality" is positive, not negative.

20. **서술형** 빈칸 ⓐ~ⓔ에 들어갈 알맞은 관계대명사, 혹은 관계부사를 써넣으시오. (that/what/how 중 골라 넣기) 20)

ⓐ : ______________ ⓑ : ______________

ⓒ : ______________ ⓓ : ______________

ⓔ : ______________

41~2 제목, 빈칸

Marketers have known for decades that you buy what you see first. ㉠ **식료품점의 눈높이에 있는 상품을 구매할 가능성이 훨씬 더 높다,** for example, than items on the bottom shelf. There is an entire body of research about the way "product placement" in stores influences your buying behavior. This gives you a chance to use product placement to your advantage. Healthy items like produce are often the least visible foods at home. You won't think to eat what you don't see. This may be part of the reason why 85 percent of Americans do not eat enough fruits and vegetables.

If produce is hidden in a drawer at the bottom of your refrigerator, these good foods are out of sight and mind. The same holds true for your pantry. I used to have a shelf lined with salty crackers and chips at eye level. When these were the first things I noticed, they were my primary snack foods. That same shelf is now filled with healthy snacks, which makes good decisions easy. Foods that sit out on tables are even more critical. When you see food every time you walk by, you are likely to eat it. So to improve your choices, leave good foods like apples and pistachios sitting out instead of crackers and candy.

*produce: 농산물

21. **서술형** 주어진 한글 해석 ㉠을 참고하여 보기의 단어를 순서대로 배열하시오. 21)

보기 the grocery strore / items / eye level / purchase / at / placed / in

서술형 답 ㉠: You are fare more likely to ________

______ ______ ______ ______ ______

______ ______ ______ ______ ,

Perfect

43~5 순서, 지칭, 일치

"Grandma," asked Amy, "are angels real?" "Some people say so," said Grandmother. Amy told Grandmother that she had seen them in pictures. But she also wanted to know if her grandmother had ever actually seen an angel. Her grandmother said she had, but they looked different than in pictures. "Then, I am going to find one!" said Amy. "That's good! But I will go with you, because you're too little," said Grandmother. Amy complained, "But you walk so slowly." "I can walk faster than you think!" Grandmother replied, with a smile.

So they started, Amy leaping and running. Then, she saw a horse coming towards them. On the horse sat a wonderful lady. When Amy saw her, the woman sparkled with jewels and gold, and her eyes were brighter than diamonds. "Are you an angel?" asked Amy. The lady gave no reply, but Ⓐ **그녀를 차갑게 바라보며 아무런 말없이 자리를 떠났다.**

"That was not an angel!" said Amy. "No, indeed!" said Grandmother. So Amy walked ahead again. Then, she met a beautiful woman who wore a dress as white as snow. "You must be an angel!" cried Amy. "You dear little girl, do I really look like an angel?" she asked. "You are an angel!" replied Amy. But suddenly the woman's face changed when Amy stepped on her dress by mistake. "Go away, and go back to your home!" she shouted.

As Amy stepped back from the woman, she stumbled and fell. She lay in the dusty road and sobbed. "I am tired! Will you take me home, Grandma?" she asked. "Sure! That is what I came for," Grandmother said in a warm voice. They started to walk along the road. Suddenly Amy looked up and said, "Grandma, you are not an angel, are you?" "Oh, honey," said Grandmother, "I'm not an angel." "Well, Grandma, Ⓐ **당신은 저에게 천사가 맞아요. 왜냐면 항상 제 곁에 있어 주시니까요,**" said Amy.

*stumble: 비틀거리다 **sob: 흐느끼다

---

22. **서술형** 주어진 한글 해석 Ⓐ을 참고하여 빈칸을 완성하시오. 22)

서술형 답 Ⓐ: s________ c________ at her, l________ w________ s________ a w________.

23. **서술형** 주어진 한글 해석 Ⓐ을 참고하여 빈칸을 완성하시오. 23)

서술형 답 Ⓐ: you are an angel to me b________ y________ a________ s________ b________ m________ s________.

- 122 -

Perfect

Practice 1 Answer

1) behalf
2) permission
3) conduct
4) practical
5) regard
6) in
7) ideal
8) Yet
9) blessing
10) accompanied
11) lay
12) watching
13) 현재분사
14) breeze
15) feed
16) slight
17) pushed
18) pleasant
19) to
20) gone
21) with
22) Experiments
23) nearly
24) quantity
25) suggests
26) with
27) 부사절
28) unhealthy
29) for
30) before
31) 명사
32) seeing
33) crossed
34) Reserved
35) trying
36) reading
37) robotic
38) another
39) up
40) rings
41) training
42) focused
43) forward
44) 결과
45) returning
46) to
47) playing
48) endless
49) continuous
50) commitment
51) compassion
52) standing
53) their
54) does
55) volunteering
56) 동명사
57) taking
58) in
59) requiring
60) come
61) makes
62) stressed
63) is
64) in
65) effects
66) forced
67) participants
68) while
69) 접속사 that
70) during
71) what
72) connecting
73) More
74) be
75) overtook
76) least
77) important
78) decreased
79) ~만큼
80) half
81) eldest
82) strongly
83) knowledge
84) engineering
85) acquiring
86) particular
87) unconcerned
88) into
89) occupation
90) are
91) our friends
92) identity
93) beyond
94) conform
95) likely
96) argues
97) is
98) that
99) is
100) 목관대
101) up
102) partly
103) exhaust
104) have
105) needed
106) by
107) 접속사 that
108) itis
109) efficient
110) for
111) repeated
112) reliable
113) unbiased
114) unbiased
115) involved
116) its
117) effective
118) objective
119) 접속사 that
120) benefits
121) overheat
122) shedding
123) According
124) successive
125) less
126) effective
127) 지시 형용사
128) prey
129) lack
130) makes
131) parting
132) on
133) Eventhough
134) noticed
135) seemingly
136) admitted
137) 형용사절
138) nothing
139) however
140) calling
141) is
142) familiarity
143) highlighting
144) focusing
145) highlighted
146) lead
147) necessarily
148) equivalent
149) up
150) 접속사 that
151) Given

152) whether
153) 가능
154) interpreted
155) differently
156) different
157) useful
158) allowed
159) advantage
160) Similarly
161) even
162) even
163) with
164) crowded
165) crucial
166) stands
167) rather
168) if someone refuses to stand, he might just as well not be at the game at all
169) positional
170) lose
171) sure
172) urge
173) further
174) to
175) uncertain
176) possible
177) to
178) insecure
179) violence
180) digestion
181) 접속사 that
182) needed
183) survival
184) on
185) accomplished
186) without
187) no
188) less
189) involving
190) characteristics
191) constantly
192) psychologists
193) rarely
194) x
195) Grown-ups
196) leave
197) to
198) contexts
199) solved
200) without
201) noticed
202) poor
203) 목관대
204) on
205) Notsurprisingly
206) Heorshe
207) improved
208) perfectly
209) Sureenough
210) not
211) entire
212) advantage
213) least
214) why
215) hidden
216) 하곤 했다
217) primary
218) easy
219) eat
220) insteadof
221) so
222) seen
223) towards
224) sat
225) coldly
226) by
227) lay

228) tired
229) what
230) ~의 옆에

Perfect

Practice 1 Answer (2회차)

1) behalf
2) permission
3) conduct
4) practical
5) regard
6) in
7) ideal
8) Yet
9) blessing
10) accompanied
11) lay
12) watching
13) 현재분사
14) breeze
15) feed
16) slight
17) pushed
18) pleasant
19) to
20) gone
21) with
22) Experiments
23) nearly
24) quantity
25) suggests
26) with
27) 부사절
28) unhealthy
29) for
30) before
31) 명사
32) seeing
33) crossed
34) Reserved
35) trying
36) reading
37) robotic
38) another
39) up
40) rings
41) training
42) focused
43) forward
44) 결과
45) returning
46) to
47) playing
48) endless
49) continuous
50) commitment
51) compassion
52) standing
53) their
54) does
55) volunteering
56) 동명사
57) taking
58) in
59) requiring
60) come
61) makes
62) stressed
63) is
64) in
65) effects
66) forced
67) participants
68) while
69) 접속사 that
70) during
71) what
72) connecting
73) More
74) be
75) overtook
76) least
77) important
78) decreased
79) ~만큼
80) half
81) eldest
82) strongly
83) knowledge
84) engineering
85) acquiring
86) particular
87) unconcerned
88) into
89) occupation
90) are
91) our friends
92) identity
93) beyond
94) conform
95) likely
96) argues
97) is
98) that
99) is
100) 목관대
101) up
102) partly
103) exhaust
104) have
105) needed
106) by
107) 접속사 that
108) itis
109) efficient
110) for
111) repeated
112) reliable
113) unbiased
114) unbiased
115) involved
116) its
117) effective
118) objective
119) 접속사 that
120) benefits
121) overheat
122) shedding
123) According
124) successive
125) less
126) effective
127) 지시 형용사
128) prey
129) lack
130) makes
131) parting
132) on
133) Eventhough
134) noticed
135) seemingly
136) admitted
137) 형용사절
138) nothing
139) however
140) calling
141) is
142) familiarity
143) highlighting
144) focusing
145) highlighted
146) lead
147) necessarily
148) equivalent
149) up
150) 접속사 that
151) Given

152) whether
153) 가능
154) interpreted
155) differently
156) different
157) useful
158) allowed
159) advantage
160) Similarly
161) even
162) even
163) with
164) crowded
165) crucial
166) stands
167) rather
168) if someone refuses to stand, he might just as well not be at the game at all
169) positional
170) lose
171) sure
172) urge
173) further
174) to
175) uncertain
176) possible
177) to
178) insecure
179) violence
180) digestion
181) 접속사 that
182) needed
183) survival
184) on
185) accomplished
186) without
187) no
188) less
189) involving
190) characteristics
191) constantly
192) psychologists
193) rarely
194) x
195) Grown-ups
196) leave
197) to
198) contexts
199) solved
200) without
201) noticed
202) poor
203) 목관대
204) on
205) Notsurprisingly
206) Heorshe
207) improved
208) perfectly
209) Sureenough
210) not
211) entire
212) advantage
213) least
214) why
215) hidden
216) 하곤 했다
217) primary
218) easy
219) eat
220) insteadof
221) so
222) seen
223) towards
224) sat
225) coldly
226) by
227) lay

228) tired
229) what
230) ~의 옆에

Perfect

Practice 2 Answer

1) behalf
2) request
3) permission
4) industrial
5) practical
6) regard
7) firm
8) accompanied
9) cooperation
10) lay
11) breeze
12) feed
13) spreading
14) scent
15) Free
16) burden
17) concerns
18) gone away
19) serves
20) entire
21) Experiments
22) quantity
23) starches
24) protein
25) vegetables
26) wisdom
27) save
28) starches
29) Authentic
30) effective body language
31) dictionary
32) aspects
33) perception
34) Reserved
35) inauthentic
36) robotic
37) attract
38) goal-oriented
39) mind-set
40) finish line
41) motivate
42) habits
43) accomplishing
44) long-term
45) goal-less
46) refinement
47) improvement
48) commitment
49) process
50) progress
51) effort
52) compassion
53) occasional
54) volunteering
55) cause
56) sacrifice
57) charity
58) Charity
59) shape
60) sacrifice
61) chemicals
62) facial
63) muscular
64) pattern
65) genuine
66) researchers
67) participants
68) forced
69) genuine
70) intensity
71) devices
72) considered
73) accessing
74) overtook
75) device
76) least
77) In contrast
78) proportion
79) decreased by half
80) eldest
81) early
82) strongly
83) influenced
84) historical
85) acquiring
86) literature
87) unconcerned
88) translated
89) occupation
90) beyond
91) conform
92) standards
93) expectations
94) intense
95) shape
96) temperament
97) peers
98) stronger
99) modifies
100) characteristics
101) makes up
102) newborns
103) exhaust
104) reserve
105) quarter
106) organs
107) marvelously
108) efficient
109) running
110) far
111) critically
112) observations
113) conclusions
114) unbiased
115) unbiased
116) interest
117) profits
118) objective
119) assessing
120) biases
121) champion
122) long-distance
123) overheat
124) shedding
125) successive
126) generations
127) ancestors
128) outrun
129) prey
130) humid
131) parting
132) covered
133) collegial
134) seemingly
135) admitted
136) rude
137) revealed
138) clearly
139) duty
140) calling
141) material
142) familiarity
143) highlighted
144) material
145) material
146) familiarity
147) necessarily
148) equivalent
149) errors
150) multiple-choice
151) widespread

152) electronic
153) emotions
154) character-based
155) face-to-face
156) interpreted
157) attitude,
158) advantage
159) intensity
160) expression
161) interest
162) seek
163) advancement
164) crowded
165) crucial
166) position
167) improved
168) refuses
169) pursue
170) positional
171) desire
172) extraordinary
173) stomachs
174) bellies
175) urge
176) insecure
177) immediate
178) exploited
179) violence
180) digestion
181) obstacle
182) spacecraft
183) supplies
184) survival
185) harsh
186) surfaces
187) accomplished
188) explorations
189) pose
190) instruments
191) constantly
192) psychologists
193) characterized
194) infant
195) scientific
196) Grown-ups
197) grammatical
198) infant
199) childhood
200) awareness
201) noticed
202) athletes
203) recreates
204) based on
205) points
206) improved
207) Sure enough
208) scoring
209) mind
210) reality
211) Marketers
212) decades
213) product placement
214) advantage
215) visible
216) sight
217) pantry
218) primary
219) filled with
220) critical
221) leaping
222) sparkled
223) brighter
224) reply
225) stared
226) coldly
227) indeed
228) stepped

229) dusty
230) Suddenly

Practice 2 Answer (2회차)

1) behalf
2) request
3) permission
4) industrial
5) practical
6) regard
7) firm
8) accompanied
9) cooperation
10) lay
11) breeze
12) feed
13) spreading
14) scent
15) Free
16) burden
17) concerns
18) gone away
19) serves
20) entire
21) Experiments
22) quantity
23) starches
24) protein
25) vegetables
26) wisdom
27) save
28) starches
29) Authentic
30) effective body language
31) dictionary
32) aspects
33) perception
34) Reserved
35) inauthentic
36) robotic
37) attract
38) goal-oriented
39) mind-set
40) finish line
41) motivate
42) habits
43) accomplishing
44) long-term
45) goal-less
46) refinement
47) improvement
48) commitment
49) process
50) progress
51) effort
52) compassion
53) occasional
54) volunteering
55) cause
56) sacrifice
57) charity
58) Charity
59) shape
60) sacrifice
61) chemicals
62) facial
63) muscular
64) pattern
65) genuine
66) researchers
67) participants
68) forced
69) genuine
70) intensity
71) devices
72) considered
73) accessing
74) overtook
75) device
76) least
77) In contrast
78) proportion
79) decreased by half
80) eldest
81) early
82) strongly
83) influenced
84) historical
85) acquiring
86) literature
87) unconcerned
88) translated
89) occupation
90) beyond
91) conform
92) standards
93) expectations
94) intense
95) shape
96) temperament
97) peers
98) stronger
99) modifies
100) characteristics
101) makes up
102) newborns
103) exhaust
104) reserve
105) quarter
106) organs
107) marvelously
108) efficient
109) running
110) far
111) critically
112) observations
113) conclusions
114) unbiased
115) unbiased
116) interest
117) profits
118) objective
119) assessing
120) biases
121) champion
122) long-distance
123) overheat
124) shedding
125) successive
126) generations
127) ancestors
128) outrun
129) prey
130) humid
131) parting
132) covered
133) collegial
134) seemingly
135) admitted
136) rude
137) revealed
138) clearly
139) duty
140) calling
141) material
142) familiarity
143) highlighted
144) material
145) material
146) familiarity
147) necessarily
148) equivalent
149) errors
150) multiple-choice
151) widespread

152) electronic
153) emotions
154) character-based
155) face-to-face
156) interpreted
157) attitude,
158) advantage
159) intensity
160) expression
161) interest
162) seek
163) advancement
164) crowded
165) crucial
166) position
167) improved
168) refuses
169) pursue
170) positional
171) desire
172) extraordinary
173) stomachs
174) bellies
175) urge
176) insecure
177) immediate
178) exploited
179) violence
180) digestion
181) obstacle
182) spacecraft
183) supplies
184) survival
185) harsh
186) surfaces
187) accomplished
188) explorations
189) pose
190) instruments
191) constantly
192) psychologists
193) characterized
194) infant
195) scientific
196) Grown-ups
197) grammatical
198) infant
199) childhood
200) awareness
201) noticed
202) athletes
203) recreates
204) based on
205) points
206) improved
207) Sure enough
208) scoring
209) mind
210) reality
211) Marketers
212) decades
213) product placement
214) advantage
215) visible
216) sight
217) pantry
218) primary
219) filled with
220) critical
221) leaping
222) sparkled
223) brighter
224) reply
225) stared
226) coldly
227) indeed
228) stepped

229) dusty
230) Suddenly

Perfect

Quiz 1 정답

1) ⑤
2) ⑤
3) ②
4) ②
5) ③
6) ④
7) ③
8) ①
9) ⑤
10) ④
11) ①
12) ⑤
13) ①
14) ③
15) ①
16) ③
17) ④
18) ①
19) ⑤
20) ③
21) ④
22) ④

Quiz 3 정답

1) ④
2) ④
3) ③
4) ①
5) ④
6) ⑤
7) ②
8) ①
9) ③
10) ⑤
11) ④
12) ②
13) ④
14) ⑤
15) ④
16) ③
17) ③
18) ⑤
19) ③
20) ③
21) ②
22) ③

Quiz 2 정답

1) ⑤ → need a day
2) ① → lay on
3) ⑤ → to fill up
4) ⑤ → confusing
5) ⑤ → that will determine
6) ④ → shared with
7) ④ → perform
8) ① → what
9) ④ → has been translated
10) ① → are our friends
11) ⑤ → how far you get
12) ③ → if the scientist or group conducting the experiment was unbiased
13) ⑤ → what a difference a lack of fur makes
14) ③ → where
15) ① → is
16) ② → are much more ambiguous relative to face -to-face cues and may end up being interpreted very differently by different users
17) ⑤ → he might just as well not be at the game at all
18) ⑤ → be exploited
19) ③ → to land on
20) ⑤ → have all been solving problems
21) ③ → what it just "saw" based on what it's been told
22) ④ → The same holds true for your pantry.
23) ④ → She lay in the dusty road and sobbed

Quiz 4 정답

1) ① → on behalf of
2) ④
3) ④ → last
4) ②④
5) ③
6) ④ → a favorite cause
7) ②
8) ④ → unconcerned
9) ③ 합성어를 만드는 ing는 동명사 ex) smoking room
10) ⑤
11) ⑤
12) ④
13) ②
14) ③
15) ①
16) ④
17) ①
18) ④
19) ④
20) ③
21) ①
22) ②
23) ②

Quiz 5 정답

1) We hope to give some practical education to our students in regard to industrial procedures.
2) Free from her daily burden, she got to her feet and went on.
3) This will give your body the opportunity to fill up on better options before you move on to starches or sugary desserts.
4) ⓐ seeing ⓑ are disconnected ⓒ confusing
5) This is why many people find themselves returning to their old habits after accomplishing a goal.
6) We have to work at getting into the habit of standing with others in their time of need.
7) The researchers had participants perform stressful tasks while not smiling, smiling, or holding chopsticks crossways in their mouths (to force the face to form a smile).
8) She read a lot, acquiring a good knowledge of Nordic as well as foreign literature, English in particular.
9) "is what shapes their behavior and modifies the characteristics they were born with, and hence determines the sort of people they will be when they grow up."
10) Actually, per unit of matter, the brain uses by far more energy than our other organs.
11) ⓐ be repeated ⓑ Being unbiased
12) ⓐ ancestral ⓑ successive ⓒ outrun ⓓ humid
13) As we were parting for the evening, we reflected on what we had covered that day.
14) not necessarily equivalent to knowing the material and may be of no help when you have to come up with an answer on the exam.
15) When they have eaten as much as their bellies can take,
16) they can't help being in the rat race.
17) When they have eaten as much as their bellies can take,
18) These explorations pose no risk to human life and are less expensive than ones involving astronauts.
19) let alone how grammatical rules work.
20) ⓐ that ⓑ what ⓒ what ⓓ what ⓔ how
21) You are far more likely to purchase items placed at eye level in the grocery store,
22) stared coldly at her, leaving without saying a word.
23) you are an angel to me because you always stay by my side,"